명리학그램 1
작은 인문학

명리학그램 1 작은인문학

저자 **김현희**

책을 펴내며

　명리학은 특별한 학문이 아니다. 실생활에서 마주칠 수 있는 상식 같은 학문이다. 글자를 모르던 조선시대 때는 지식인이나 명리학을 할 수 있었지만, 대학 교육이 보편화된 요즘 시대는 아무나 배울 수 있는 학문이다. 음양오행의 생극제화 원리만 외우면 금세 이해할 수 있다.
　명리학은 영혼의 능력이 특별히 발달한 사람이 운명을 예측하는 학문이 아니다. 논리적이고 이론적인 근거를 가지고 있는 보통의 학문이다. 누구나 글자를 알면 배울 수 있다. 배우고 나면 사주 해석이 별 거 아님을 알 수 있다. 천기누설 같은 비밀이 아니다. 실생활에 실용적으로 사용할 수 있는 마음의 심리학이다.
　사주상담가가 특별한 능력이 있는 것도 아니다. 심리학자가 사람의 심리를 행동이나 말을 근거로 해서 예측하듯이, 사주상담가는 사람의 '생년월일시'에 나타난 기호를 읽고 그 사람의 운명을 예측할 뿐이다. 태어난 생년월일시를 이론적으로 해석하는 일종의 인문 지식인이다. 나라의 정치, 경제를 앞장서서 이끌어가는 큰 인물은 아니다. 사람의 마음을 위로해주고 공감해주는 능력을 가진 사람이다.
　개화기 이전에는 아파도, 망해도, 외로워도, 괴로워도 점쟁이를 찾아가서 해결책을 얻을 수 있었다. 지금은 아니다. 아프면 병원 가고, 망하면 새로 시작하거나 전문적인 직업 상담을 하면 된다. 외롭고 괴로우면 정신 상담을 하면 되고, 돈이 없으면 돈벌이를 하기 위해 몸을 움직이면 된다. 사주팔자에 삶의 해답이 있는 것이 아니다. 문제가 생기면 사주팔자와 상관없이 주어진 상황에 맞추어서 자기 문제를 스스로 해결해야 하는 시대이다.

　명리학은 일종의 예측학(豫測學)이다. 맞을 수도 있고, 틀릴 수도 있다. 그러나 사람의 성격과 삶에 관한 지식이 무궁무진하게 들어 있다. 이론도 다양하고 해석도 다양하다. 사람살이만큼 복잡하고 상대적이고 각양각색이다. 일의 길흉, 사람의 성격, 운세 예측 등등 배우면 배울수록 흥미롭고, 즐겁게 공부할 수 있는 학문이다.

　이 책은 2016년부터 《옥천향수신문》에 게재한 칼럼을 모아 엮은 책이다. 명리학 이론을 기초부터 나열하지 않고, 명리학에 대한 나름의 생각을 순서 없이 쓴 글이다. 명리학을 모르는 사람도 쉽게 이해하도록 썼다. 명리학을 아는 사람은 더 쉽게 이 책을 이해할 수 있다. 사주팔자는 60간지가 순환한다. 60간지를 상징하는 의미로 60개의 칼럼을 모아 책으로 펴낸다.

책을 펴내며 · 4

part 1 | 자유 의지

01. 사주, 상담학의 일종 · 11
02. 사주와 상대성 원리 · 14
03. 자기 위안하기 · 17
04. '내'가 변하면 된다 · 20
05. 흐르는 '나' · 23
06. 아모르 파티 · 26
07. 정신 승리법 · 29
08. 불행을 운명으로 탓하기 · 32
09. 관계 맺으며 변한다 · 35
10. 보통의 심리학 · 38
11. 극하고 극 당하는 삶 · 41
12. 사주와 자기 암시 · 44
13. 인정 욕구와 예술가 사주 · 47
14. 부귀(富貴)한 사주 · 50
15. 돈 못 버는 사주는 없다 · 53
16. 사주와 자유의지 · 56
17. 사주와 감정 건강 · 59
18. 사주와 직업 적성 · 62
19. 사주와 신살론 · 65
20. 사주가 세다, 혹은 약하다 · 68

part 2 | 상대적 관계성

21. 사주와 욕망 이론 · 73

22. 10천간의 의미 · 76

23. 기해(己亥)년과 정재의 의미 · 79

24. 사주십성과 기질 · 82

25. 사주 십성의 역학 관계 · 85

26. 사주와 질병 · 88

27. 돈 없는 사주는 없다 · 91

28. 사주를 지배하기 · 94

29. 사주와 12운성 · 97

30. 10천간의 궁합 · 100

31. 10천간 심리와 오행의 역할 · 103

32. 사주 해석의 다양성 · 106

33. 10천간의 십성 심리 · 109

34. 세운 해석하기 · 112

35. 사주와 연월일시의 의미 · 115

36. 공부 못 하는 사주 없다 · 118

37. 10천간의 물상 · 121

38. 12지지의 물상 · 124

39. 대운 해석 · 128

40. 사주를 좋게 사용한다 · 131

part 3 | 마인드컨트롤

41. 사주, 갑(甲) 일주론 · 137
42. 사주, 을(乙) 일주론 · 141
43. 사주, 병(丙) 일주론 · 144
44. 사주, 정(丁) 일주론 · 147
45. 사주, 무 일주론 · 150
46. 사주, 기 일주론 · 153
47. 사주, 경 일주론 · 156
48. 사주, 신 일주론 · 159
49. 사주, 임 일주론 · 162
50. 사주, 계 일주론 · 165
51. 사주 12지지(地支) · 168
52. 좋은 사주 · 173
53. 사주와 개운법 · 176
54. 사주와 십이신살 · 179
55. 사주와 사흉신(四凶神)의 길(吉) 작용 · 182
56. 사주와 운세 해석 · 185
57. 십성, 사주해석의 꽃이다 · 188
58. 사주의 관성 · 191
59. 사주와 재성 · 194
60. 사주 믿어도 되나 · 197

part 1

자유의지

01. 사주, 상담학의 일종

 명리학은 점술도 주술도 아니다. 태어난 생년월일시에 부여된 팔자의 의미를 읽는 학문이다. 개화기 이후 미신으로 치부되어 사주 상담가를 점쟁이라 부르며 낮게 취급했다. 그럼에도 사람들은 어떤 선택의 순간에 유명 사주학자들을 찾아가 앞일을 물어보았다. 그렇게 명리학은 음지의 학문으로 이어져왔다. 그런 학문이 지금은 몇몇 대학에서 동양철학으로 인정되어 전문 졸업장까지 수여하고 있다. 일반적인 석사, 박사를 배출하고 있다.
 명리학은 8자를 가지고 미래를 예측하거나 과거를 유추해보는 일종의 '인생 상담 철학'이다. '년월일시'를 4주라고 하고, 4기둥마다 2글자씩 배치되어 4×2=8자가 된다. 이 여덟 자의 상징 의미를 해석하는 것이 명리학이다.
 명리학은 음양오행의 생극제화를 해석하는 학문이다. 음양은 달과 해, 오행은 나무, 불, 흙, 쇠, 물이다. 이 7개는 자연이다. 달력에 표신된 일주일 '월화수목금토일'이다. 월은 달. 화는 불, 수는 물, 목은 나무, 금은 쇠, 토는 흙, 일은 해이다. 이 일주일의 의미가 생하거나 극하거나 다스리거나 변화하면서 바뀐다. 이것이 팔자의 역학(易學)이다. '내'가 언제 어떤 음양오행의 기운으로 태어났는지가 운명의 기호이다. '내'가 양 기운이 많은지 음 기운이 많은지, 혹은 목(나무)기운인지 금(쇠, 바위)기운인지 등을 알고 있으면 자기 팔자를 읽을 수 있다. 이렇게 자연의 기운으로 '내' 운명을 읽는 학문이 명리학이다.

사주학은 미신 같은 부정적인 의미가 있다. 그러나 명리학이라는 용어는 학문적 이미지이다. 명리(命理)는 '하늘이 내린 목숨과 자연의 이치'라는 의미이다. 사주학이 결국 명리학이다. 명리학의 목적은 '내' 삶을 더 좋은 방향으로 변화시키는 방법을 배우는 학문이다.

예전에는 인생을 예측하는 순서가 문택명용수(門宅命容修)였다. 신분차별 사회였기에 태어난 가문, 부모의 환경, 사주, 관상, 자유 의지의 순서로 인생이 결정되었다. 지금은 아니다. '개인'을 강조한 근대 시기 이후 개인의 자유의지가 삶의 중요한 변수가 되었다. 예전처럼 신분 이동이 닫혀 있지 않다. 자기가 노력만 하면 얼마든지 신분 이동이 가능하다. 예전에는 가난한 노비나 농민의 자식으로 태어나면 글도 모르고 자기가 누구인지에 대한 성찰도 없이 평생 노동만 하다 죽었다. 지금은 아니다. 고등학교까지 의무 교육이 이루어지고, 몇몇 선진국은 대학교까지 의무 교육이 이루어진다. 교육 받은 사람이 늘어나고 있다. 교육 받았다는 의미는 자기가 누구인지 성찰하고 자아실현을 할 수 있다는 의미이다. 예전의 문택명용수(門宅命容修)의 순서는 이제 바뀌어야 한다. 요즘은 수용택명문(修容宅命門)의 순서로 변했다고 본다. '자유 의지, 외모, 부모, 사주팔자, 가문' 일지도 모른다. 지금은 자기가 노력만 하면 절대적 가난을 벗어날 수 있는 시대이다. 상대적 가난은 자본주의 문제이기에 정치·경제 시스템이 해결할 일이다.

  사주팔자가 다 맞는 운명인 양 이야기하는 것은 잘못된 판단법이다. 사주팔자는 재미이다. '내'가 그런 팔자구나 하는 정도에서 멈추어야 한다. 사주이론이 다 맞지 않기 때문이다. 예전에는 결혼하지 않고 혼자 살면 비정상으로 분류되었다. 그래서 사주에 배우자가 병사묘절(病死墓絶)에 있으면 결혼할 때 불리하였다. 그러나 지금은 그런 시대가 아니다. 혼자 사는 비혼족이 늘고 있다. 또 결혼이 필수가 아니고 선택이다. 이런 시대에 결혼을 정상으로 보고 비혼을 비정상으로 보아 배우자 운이 나쁜 사주를 무섭게 이야기 하는 팔자 해석은 옳지 않다. 양인운이나 괴강운도 예전에는 나쁘게 읽었지만 지금은 좋게 읽고 있다. 명리학의 해석법이 시대에 맞게 변하고 있는 것이다. 신을 믿지 않고 사는 개인이 늘어나듯이, 개인의지가 사주팔자보다 중요하다. 사주팔자를 보면서 자기 운명이 무엇인지만 알아보면 된다. 노력이나 열정은 사주팔자와는 다른 차원의 사회성이다.

02. 사주와 상대성 원리

고통이 욕심에서 생긴다는 말이 있다. 욕심 부리지 않으면 고통과 근심이 적다고 한다. 그러나 욕심은 '나' 혼자 마음으로 생기는 게 아니다. 욕심은 옆 사람, 혹은 나보다 잘났다고 생각하는 사람이 기준이 될 때 생긴다. 사람은 혼자 살 수 없다. 바로 옆 사람과 비교하면서 자기 깜냥의 욕망과 욕심을 만들어낸다. 그 과정에서 자부심과 자만심이 나타나기도 하고 반대로 고통과 자괴감이 나타나기도 한다. '나도 저만큼 하고 싶다, 나도 저만큼 있고 싶다, 나도 저만큼 인정받고 싶다.' 등에서 욕심이 생긴다. 이런 심리도 인간의 본질이다.

명리학의 원리도 상대성이다. 절대성이 아니다. 천간 10글자 갑, 을, 병, 정, 무, 기, 경, 신, 임, 계와 지지 12글자 자, 축, 인, 묘, 진, 사, 오, 미, 신, 유, 술, 해가 짝이 되어 60개의 기둥을 만든다. 그래서 60갑자라고 한다. 이 60갑자가 사주에서 어느 위치에 있느냐에 따라 상대적으로 의미가 변하고 바뀐다. 혼자서는 의미가 될 수 없다. 60갑자는 바로 옆 글자에 의해서 해석이 달라진다. 옆에 어떤 글자가 오느냐에 따라 8자의 의미가 달라지고 운명도 다르게 읽힌다. 8자 구성에 따라 변화하고 변질하는 모습이 인간의 사회적 모습과 닮아 있다. '나'의 위치에 따라 부모역할인지, 상사역할인지, 부하역할인지, 친구역할인지 등등이 생기는 것처럼, 8자도 그 구성 위치에 따라 해석이 달라진다. 그래서 역(易)이라고 한다.

易의 의미는 '바꾸다, 고치다, 교환하다, 새로워지다'의 의미이다. 명리학을 역학이라고 하는 이유는 계절이 바뀌면서 새롭게 변하기 때문이다. 계절의 순환은 '나'의 의지와 상관없이 더 큰 우주의 흐름이다. 시간의 흐름이 생로병사를 가져오듯이 팔자도 계절처럼 변하면서 순환한다. '나'의 팔자 옆이나 앞뒤에 어떤 계절이 오느냐에 따라 달라진다. 예를 들어 '내'가 가을에 '나무'(甲이나 乙)로 태어났을 경우 '내' 옆 글자에 쇠(金)가 오는지 흙(土)이 오는지에 따라 가을나무의 모습이 달라진다. 쇠가 올 때는 나무가 쇠에게 극을 당해 살기 고단할 것이고, 흙이 올 때는 나무가 흙에 뿌리를 내릴 수 있어서 살기가 편안할 것이다. 이처럼 사주 여덟 글자는 '나'를 지칭하는 글자 하나를 제외한 나머지 일곱 글자가 어떤 글자인지에 따라 상대적 역할이 달라진다.

또 다른 예로 내가 겨울의 불(火)로 태어났는데, 내 주변에 물(水)이나 쇠(金)가 있다고 해보자. 겨울 불은 물에 의해 꺼져 버리기에 사는 게 스트레스일 것이고, 쇠는 불에 녹기 때문에 불로 열심히 쇠를 녹이는 일을 해야 할 것이다. 이런 식으로 명리학은 '내'가 어느 한 기운으로 태어났다 하더라도 나머지 일곱 자의 위치나 의미에 따라 '내'가 바뀌거나 상대방을 바꾸거나 하기에 상대성 원리가 적용된다.

계절도 왕상휴수사(旺相休囚死)로 순환하며 상대적으로 변한다.

봄, 여름, 가을, 겨울의 순환원리이다. 봄은 새로 나서 왕성하고(旺), 여름은 서로 도우며 한껏 자라고(相), 가을은 밖으로는 쇠하며 안으로는 성숙해지고(囚), 겨울은 안팎이 숨죽이는 계절(死)이다. 즉, 왕성함은 봄(旺), 한껏 자라서 서로 바라봐주는 모습은 여름(相), 잠시 쉬는 환절기는 휴(休), 거두고 가두는 가을(囚), 숨죽이며 사는 겨울(死)이 순환한다. 봄, 여름, 가을, 겨울이 상대적 차이를 가지고 있듯이 '내'가 어느 계절에 태어났는지에 따라 운명도 상대적으로 변한다. 자연이 변하듯이 주어진 팔자가 변화하면서 계절에 순응하며 새롭게 태어남을 반복한다. 상대적으로 변해가는 '나'를 알아보는 학문이 명리학이다. 그래서 '내'가 태어난 띠보다 태어난 달이 '내' 운명의 주인이 된다. 태어난 달은 봄, 여름, 가을, 겨울인 계절을 나타내고, 그 계절의 기운이 '나'의 사회적 성향, 부모, 가정환경으로 해석될 수 있다. '내'가 어떤 달의 어떤 간지로 태어났느냐에 따라 '나'의 직업적성과 성격적 특성, 그리고 인간관계에서 나타나는 성향을 읽을 수 있다.

03. 자기 위안하기

　살면서 상처 입지 않은 사람이 없다. 상처 입었을 때 '내 팔자는 왜 이러나?', '내 팔자에 고생 수가 있나?' 할 것이다. 이런 부정적 감정을 위로 받고 싶은 게 사람이다. 불행을 나름대로 납득하고 싶은 게 인간본능이다. 이럴 경우 명리학이 소박한 답이 될 수 있다. 어렸을 때 부모에게 사랑 받고, 남들 연애할 때 연애하고, 때 되면 결혼해서 가족을 이루고, 중년쯤 사회적 직위를 갖고, 건강하게 잘 늙는다면 그런 사람은 '내 팔자'를 궁금해 하지 않는다. 사람들은 힘들 때 '내 팔자'를 찾는다. '내 팔자'에 이별 수가 있는지, 가난 수가 있는지, 뭘 해도 안 되는 운인지 등을 궁금해 한다.

　명리학은 이러한 궁금증을 해석하는 하나의 해결책이 될 수 있다. "내 팔자가 그런가 봐" 라는 말은 현재의 힘든 상태를 '나 밖의 무엇'으로, 즉 '운명' 같은 초자연적 명분으로 이해받고 싶은 마음이다. 현재의 부정적인 상황을 이겨보려는 자아의 노력이다. 이럴 경우 '팔자'는 소박한 자기 위안이 될 수 있다. 그래서 사주풀이는 무조건 좋은 방향으로 읽어야 한다. '내' 사주에 부모운, 자식운, 배우자운, 직업운, 돈운이 없다 해도 '내'가 노력하면 좋은 일이 생길 것이라는 희망으로 읽어야 한다. 내 삶을 긍정적으로 바라보기 위해 명리학이 필요한 것이지, '내 팔자'의 나쁨을 인정하기 위해 명리학이 필요한 게 아니다. 그리고 사주팔자로 내일 무슨 일이 일어날 것이라고 정확하게 예측할 수도 없다. 만약 그런 학문이라면 명리학이 현대의 과학기술 학문보다 훨씬 더 발전했을 것이다. 명리학은 '내' 성향과 기질이 어떤지, '내'가 어느 직업에 적성이 있는지를 아는 선에서 멈추어야 한다. 오늘의 힘듦을 위로 받는 따스한 학문이어야 한다. 살다 보면 사주대로 살지 않는 사람도 많다.

팔자에는 인간이 살면서 필요한 다섯 가지 복이 있다. 건강복, 식복, 돈복, 직업복, 공부복이다. 건강복에 자기 주체성과 경쟁력과 자신감이 속한다. 식복에 재능과 전문 기술과 활동력이 속한다. 돈복에 아내복과 아버지복과 성실성과 통제성이 속한다. 직업복에 남편복과 희생심과 참을성이 속한다. 공부복에 어머니복과 인복과 포용력이 속한다. 이것들은 사람이 살기 위해 필요한 기본 수단이다. 이런 것들 중 두 개 이상이 모든 이들의 사주에 들어 있다. 그 결과로 문명이 발달하고 있으며, 예전보다는 물질적인 생활수준이 더 나아지고는 있는 것이다. 또한 노력하는 국가가 일인당 국민소득이 높아지는 이유이기도 하다. 사람은 자기 앞에 주어진 문제를 해결하며 살고 있다. 이 다섯 가지 복 중, 하나도 없는 사람은 없다. 무조건 두 개 이상 가지고 태어난다. 그래서 사람은 자기 노력에 따라 자기 운명을 좋은 쪽으로 바꿀 수 있다. 이것이 명리학의 의의이며, 다른 말로 역(易)이라고 한다. 즉 '변하고 바뀐다'가 운명의 핵심이다. '내' 삶을 주도적으로 바꿔 나가는 의지가 명리학의 핵심이기에 팔자는 결정론이 아니라 자유의지론에 가깝다. '내' 팔자를 알고, '내' 팔자를 능동적으로 이용하면 된다. 나쁜 운이 들어올 때는 조심하면 되고, 좋은 운이 들어올 때는 지금보다 더 노력하면 된다.

명리학은 고대부터 현대까지 사회에서 필요했기에 살아남은 학문이다. 사람들은 자신의 힘듦을 초자연적인 무엇에 의지해서 이해받고 싶어 한다. 그게 신이든 운명이든 간에 그런 지식들은 사람들을 위안할 수 있다. 그래서 종교나 명리학 같은 운명론이 세상이 변해도 살아남고 있다. 명리학도 사람의 운명을 사회적 상식으로 이해 가능하게 설명할 수 있다. 사람은 사회적 존재이다. 명리학은 개인의 운명을 사회와 연결시켜 해석해 주기에 어떤 선택의 기로에서 결정이 필요할 때 자기 팔자를 보면 힌트를 얻을 수 있다. 사람은 자기 미래에 대한 지배력이 없기에 불안한 현재를 누군가에게 물어보고 싶은 본능이 있다. 이럴 때 명리학의 지식은 오늘을 어떻게 살지에 대한 생활의 지침이 될 수 있다.

04. '내'가 변하면 된다

 명리학은 '모든 것이 변한다'가 전제이다. 어떤 운명이 죽을 때까지 고정된 것이 아니라 주어진 상황과 조건에 따라 변하고 새로워진다. 사람은 매 순간 어제와 다른 오늘을 받아들이고, 다른 내일을 살고 있다. 선천적으로 타고난 명(命)과 후천적으로 만나는 운(運)이 변화를 일으키면서 '내'가 현재의 상황에 따라 내일은 다르게 조절되거나 상황에 적응하면서 살고 있다.
 어제의 분노가 오늘은 배려로 바뀔 수 있고, 어제의 기쁨이 오늘은 우울로 변할 수 있다. 상황이 다르면 반응도 달라지기에 어떤 태도를 취할지는 개인의 선택에 달려 있다. 그러기에 사람은 매 순간 지금 여기에 적응된 '나'를 만들어야 한다. 고정적인 '나'만 고집하면 상황은 변하지 않고 '내'가 소외될 가능성이 높다. 차라리 변화하는 방향으로 '나'를 만들어가는 모습이 낫다. '나'라는 개체는 상황이나 조건에 따라 수동적으로 조절되는 존재이기 때문이다.
 명리학은 내면의 '나'보다는 사회적 상황이 '나'를 움직인다는 원리이다. 명리학에서 '나'는 주변 일곱 글자의 조건에 따라 변한다. 여덟 자가 다 '내' 글자가 아니라 팔자 중 하나의 천간만 '내' 것이고 나머지 일곱 글자의 오행은 '내'가 처한 상황이다. '나'는 나머지 일곱 자와, 대운, 세운, 월운, 일진에서 들어오는 글자들과 엮이면서 '나'라는 한 글자의 삶을 산다.

동양철학에서 오행은 목화토금수이다. 이 다섯 가지 자연 중에 하나가 '나'이고, 명리학 용어로 일간이라고 한다. 일간은 '내'가 태어난 날의 천간이다. 천간은 갑을병정무기경신임계 10개이고 이 중 하나로 '내'가 태어난다. 갑(甲)은 나무, 을(乙)은 꽃, 병(丙)은 태양, 정(丁)은 촛불, 무(戊)는 산, 기(己)는 논밭, 경(庚)은 쇳덩어리, 신(辛)은 보석, 임(壬)은 바다, 계(癸)는 시냇물이다. 이 중 갑병무경임은 양 기운이고, 을정기신계는 음 기운이다.

예를 들어 나무로 태어났을 경우에 나무는 흙도, 태양도, 물도 필요하기에 팔자 구성에서 이 요소들이 모두 갖추어져 있으면 그 나무가 잘 자랄 수 있다. 사는데 그리 어렵지 않게 산다. 그런데 팔자 구성에서 나무만 많으면 '내' 편이 많기에 '나'를 고집하는 방향으로 나아간다. 이럴 경우 나무를 잘라 줄 쇠가 있거나, 나무를 태워 없앨 불이 있다면 좋은 사주가 된다. 그러나 나무 주변에 불만 많으면 나무는 불에 타 죽는다. 살아가기 힘들게 된다. 이럴 경우 불을 꺼 줄 물이 있어서 나무를 살릴 수 있다. 어떻게든 살아갈 수 있는 방법이 있다.

사주를 보면 치우친 사주가 대부분이다. 치우친 사주는 고생을 하지만, 대운이나 세운에서 중화시키는 글자들이 들어오면 고생하지 않고 살 수 있다. 치우친 사주라고 해서 나쁜 사주는 아니다. 중화된 사주가 못하는 일을, 한쪽으로 치우친 사주가 훌륭하게 그 일을 성취할 수도 있다. 한 가지 일에 매진할 수 있는 능력을 타고났기 때문이다. 운동선수 같은 경우이다.

  동양철학에서는 중화나 중용을 최고선으로 보기에 음양오행이 중화된 팔자를 좋게 본다. 중화된 사주는 상황에 적응하기 쉽고 공동체 속에서 조화를 추구한다. 그러나 내 사주가 어느 한 기운으로 치우쳐 있어도 걱정할 필요가 없다. '내'가 한 가지 일만 열심히 하면 그 분야에서 이름이 날 수 있다. 그리고 대운이나 세운이 다른 기운으로 들어오기 때문에 한 가지 기운만 평생 작용할 수 없다. 결국은 다른 기운과 섞이게 되어 있다. 그런 때는 변화의 기운을 받아들이면 된다. 사주의 기운이 중화될 수 있다. 산다는 것은 내가 주변상황에 맞추어 중화의 기운으로 변하는 것이다. 그래서 지금의 사람들이 어떤 사주를 타고 났어도 다 살아 있는 것이다. 이러한 삶의 변화를 예측하는 재미가 명리학이다. 사주에서 '내'가 어떤 기운인지 알아보는 것도 자기 성격을 알 수 있는 방법이다. 자기가 어떤 존재인지 궁금할 때 사주를 보면 도움이 된다. 그리고 어떤 타인이 이해되지 않을 때 그 사람의 사주를 보면 이해하게 된다. 이런 묘미가 명리학이다. 크게 보면 인문학도 될 수 있다.

05. 흐르는 '나'

 운명에 순응할지 저항할지는 '나'에게 달려 있다. '나'는 상황에 따라 변하는 '나'이다. 명리학은 '내'가 성공할지, 좌절할지, 몇 살에 병에 걸릴지, 몇 살에 죽을 지를 예언하는 학문이 아니다. '나'보다 큰 단위인 국가나 세계의 상황이 사주팔자보다 더 '내' 운명을 조절하는 주체이다. '나'는 상황에 휘둘리는 객체이다. 개인이 타고난 사주팔자는 지금 '내' 모습에 대한 합리적 해석을 할 수 있는 요소일 뿐이다. '내'가 좋은 팔자로 태어났어도 국가가 전쟁 중이면 불행에 처할 것이고, '내'가 나쁜 팔자로 태어났어도 국민 소득이 일인당 7만 달러가 넘는 복지 국가라면 먹고 살만 할 것이다.
 개인은 우주의 일부로서 아주 작은 원자이기에 우주가 흐르고 있듯이 개인도 우주의 기운에 따라 변화하고 있다. 고정된 '나'는 없다. '나'는 천지자연의 기운이 잠시 모였다가 사라지는 자연물이다. 심장을 뛰게 하는 것도 숨을 쉬게 하는 것도 '내' 의지가 아니라 신체의 불수의근이 하고 있는 것을 보아도 '나'의 의지가 작용하는 영역은 그리

크지 않다.

명리학은 '나'의 변화 과정을 자연의 변화과정에 유추해서 해석하는 학문이다. '내'가 물(壬이나 癸일간 중 하나)의 기운으로 태어났어도 봄에는 나무를 키우는 봄비로, 여름에는 대지를 적시는 폭우로, 가을에는 식물을 죽이는 서리로, 겨울에는 땅을 얼리는 얼음으로 변하고 있다. 이렇듯 '나'라는 일간은 계절에 흐름에 따라 달라지는 수동태이다. '내'가 '나'의 의지로 사는 것 같지만, 사실은 '나'보다 더 큰 우주나 자연의 흐름에 따라 변화하며 살고 있다.

명리학은 주변 상황이 '나'보다 큰 세력임을 알고 '나'를 조심스럽게 대하라는 학문이다. 그리고 올해 구설수가 있을 것이니 말조심을 하라거나, 돈 문제가 어려울 것이니 돈 거래를 하지 말라거나, 건강이 약해질 것이니 건강관리에 신경 쓰라는 격려와 위로를 하는 심리학이다. 명리학은 일종의 일기예보 정도로 다가올 태풍이나 비바람을 피할 방법을 알아보고 미리 대비하는 학문일 뿐이다. 맹신할 필요가 없다. 그리고 자기 사주를 뛰어넘어 주체적으로 사는 사람도 많다.

사주에 '내'가 관운(출세운, 명예운, 승진운)이 있고, 재운(재산운)이 있다면 조직 사회에서 성공할 가능성이 있기에 더 노력하면 더 좋은 결과를 얻을 수 있다. 또 사주에 공부운이 있으면 학자 쪽으로 진로를 결정하면 잘 풀린다. 재능운이 있다면 자기 재능을 알고서 개발하면 성취감이 있을 것이다. 그리고 내 노력에 대한 보상은 '내' 의지의 결과물이 아니라 '내'가 속한 조직이나 사회가 결정할 것이다.

태어난 생년월일시는 '내' 의지와 상관없이 부모가 준 팔자이다. 이미 시작부터 '나'의 의지로 태어난 게 아니다. 살면서도 부모나, 선생님이나, 선배나, 상사의 눈치 속에서 '나'는 조절되거나 동화되면서 나이를 먹어가고 있다. '나'는 '내'가 만나는 관계 속에서 만들어진 구성물이기에 '나'라는 일간은 '내' 주변에 배치된 상황에 따라 흐를 뿐, '내' 의지로 '내' 삶을 살고 있다는 생각은 허구이다.

 나쁜 사주는 없다. 나의 장점을 아는 쪽으로 사주해석을 해야 한다. 인간 혼자서는 본질적인 '나'라는 가치가 없다. 그 대신 '나'와 연결된 사람이나 조직이나 사회로부터 '자기'의 가치가 발생한다. 사주도 시간의 흐름 속에서, 사람과의 관계 속에서 변한다. 그래서 사주를 보고 '내' 운명이 정해졌다고 속단하지 말고, 내일이면 괜찮아질 것이라고 자기 암시를 해야 한다. 그렇게 쓰이기 위한 학문이 명리학이다.

 해마다 바뀌는 운이 세운이다. 어떤 세운이 들어오느냐에 따라 그 해의 상황이 달라진다. 소박하게 사는 삶이라면 어떤 운이 와도 무난하게 지나간다. 하지만 유명인사들은 한 해의 운에 따라 기복이 심하다. 그러니 그 해 초에 운을 보고 조심할 것은 미리 조심하는 게 좋다.

06. 아모르 파티

 아모르 파티(Amor Fati)는 운명애이다. 니체의 용어로서 삶을 무조건 긍정하는 태도이다. 사주도 운명애이다. 현재 '내'가 처한 상황을 불평하지 않고 자기를 사랑하는 사람은 운명애를 하는 사람이다. 고통이나 시련을 기쁨과 행복처럼 즐기는 능력자이다. 영혼이 강한 자이다.
 무한 경쟁사회에서 사람은 아무리 똑똑하고 잘나도 부품처럼 사용되다 버려진다. '나'라는 의식과 '내' 몸은 사회적 상황에 맞춰 쓰이다가 버려진다. '나'는 특정 시공간에서 특정 부품으로 사용되다가 사라진다. '나'의 고정됨이 없다. 사회는 '내'가 안정할 수 있는 적정 공간이 아니다. '내'가 타인과 마주치면서 버티고 견디고 변해야 하는 불안정한 공간이다. 더욱이 임기응변으로 살고 있는 사회적 약자라면 자기 삶의 불확실함을 더 절실히 느낀다. 이런 상황을 힘들어 할 게 아니라 긍정하고 사랑하는 힘이 운명애이고, 그것이 자기 생명 유지법이다.

'내' 운명이 괴롭고 힘들어도 자기를 사랑하는 사람은 승리자이다. '내' 운명을 타인과 비교하여 별 볼 일 없는 우울거리나 불평거리로 생각하면 살기 힘들다. 사람은 누구나 혼자서 고독하게 환경에 적응하면서 살고 있다. 관계나 조직 속에 있어도 인간은 자기 앞에 주어진 문제를 혼자 해결하는 존재이다. 누구도 도와줄 수 없는 자신만의 숙제를 스스로 풀어야 하고, 풀리지 않을 경우 시간이라는 자연의 힘을 빌려야 한다. 시간이 지나면 좋은 순간도 나쁜 순간도 아무 일도 아닌 것으로 되어 버린다. 그저 흘러가 버림이 부지기수이다.

인간은 자연의 일부이기에 자연의 흐름이 '내' 운명의 주재자이다. 과학문명이 발달한 나라도 지진과 태풍과 쓰나미에 속수무책으로 재난을 당한다. 이것만 보아도 인간은 자연의 일부임을 알 수 있다. 인간이 있기 전에 우주와 자연이 먼저 있었음을, 우주와 자연이 생명의 주재자임을 자연재해 상황에서 경험할 수 있다. 명리학은 '내'가 자연의 일부라고 말한다.

동일성 유지는 없다. 이질성이 삶의 과정이다. '내'가 나무로 태어났어도 끝까지 똑같은 나무로 살아지는 게 아니다. 양 기운의 나무인지 음 기운의 나무인지, 봄 나무인지 여름 나무인지에 따라 다르고, 또 사주에 물이 있는지, 불이 있는지에 따라 달라진다. 팔자에서는 '나'를 고집하면 생존할 수 없다. '나'는 변해야 하는 자연의 일부이다. '나'보다 더 큰 자연의 흐름에 동화되거나 조절되어야 한다. '나'의 주인은 외부 자연이기에 인간의 삶이 불안하고, 그런 불안한 운명을 사랑하는 게 '아모르 파티' 운명애이다.

팔자는 자연의 변화무상함을 근거로 한다. 팔자는 대운 두 글자, 세운 두 글자, 월운 두 글자, 일진 두 글자가 만나 총 열여섯 글자가 그 날의 운수를 좌우한다. 열여섯 글자의 합, 형, 충, 파, 해가 그날의 운수이다. 합은 사라지고, 형은 부딪치고, 충은 부서지고, 파는 깨지고, 해는 해롭다. 이런 과정이 매일 매순간 일어나기에 팔자가 안정되어 있지 않고 불안하다. 부딪치고 깨지면서 운행되기에 인간의 하루가 쉽게 살아지는 것 같아도 쉽게 살아지는 게 아니다. 온갖 변화의 기운이 얽혀서 오늘을 살아내고 있기에 사람이 강인하다고 본다.

  산다는 것은 불안을 견디는 과정이다. 명리학은 불안을 합리화하는 방법이 되어 준다. '내 운명이 왜 이런가?'에 대해서 음양오행의 원리로 설명해준다. '내' 운명이 '내' 의지가 아니라 자연의 의지임을 알려준다. 그래야 '내' 운명의 어쩔 수 없음을 받아들이고, 스스로를 위로할 수 있다. 행복과 불행을 신의 의지로 여기는 종교적인 마음이 사주팔자를 보는 마음이다. 사람은 삶의 힘듦을 버티는 근거가 있다면, 그것이 신이든 사주팔자이든 오늘의 불행을 이겨내는 심리를 가질 수 있다. '내'가 외롭고 힘든 팔자임을 사주에서 확인한 순간부터 자기를 사랑할 수 있는 정신적 힘을 얻을 수 있다. 그것이 찰나적인 합리화일지라도 힘들고 고통스러운 삶을 이해할 수 있게 한다. 명리학은 일종의 신적(神的)인 일을 하는 학문이다.

07. 정신 승리법

천간에 10글자가 있다. 갑을병정무기경신임계이다. 갑병무경임은 양 기운을 나타내고 을정기신계는 음 기운을 나타낸다. 양은 크고 밝게 바깥으로 확산하는 기운이고 음은 작고 어둡게 안으로 수렴하는 기운이다.

갑을(甲乙)은 나무라서 뻗어나가는 기운이 강하고, 해가 떠오르는 동쪽이고, 싹이 쑥쑥 올라오는 봄이고, 색깔은 푸른색으로 도전적이고 진취적이다. 병정(丙丁)은 불이라서 온 세상을 환하게 비추고, 방향은 햇볕이 잘 드는 남쪽, 계절은 여름, 색깔은 정열적인 빨간색으로 발전적이고 사교적이고 명랑하다. 무기(戊己)는 흙으로 중화와 중용을 의미하고 방향은 가운데, 각 계절의 중간자 역할을 하는 환절기이고, 색깔은 노란색이다. 균형을 중시하고 협력적인 완충역할을 한다. 경신(庚辛)은 금 기운이다. 한 해의 열매를 추수하는 세력으로 방향은 해가 지는 서쪽, 계절은 이파리를 떨어뜨리는 가을, 차가운 하얀색으로 낭만적이면서 냉정하다. 임계(壬癸)는 물의 유연성을 나타내고, 방향은 해가 사라진 북쪽, 계절은 겨울, 색깔은 검은 색으로 물이 아래로 흐르듯 환경에 적응을 잘한다.

'나'는 10개의 천간 중 하나의 천간으로 태어난다. 나무는 봄에 태어나야 좋고, 불은 여름에 태어나야 좋고, 흙은 환절기에 태어나야 좋고, 쇠는 가을에 태어나야 좋고, 물은 겨울에 태어나야 좋다. 그럴 경우 '나'는 '나'와 같은 기운이 팔자에 하나 더 있어서 추진력과 경쟁력과 공감능력과 자립심, 독립심을 갖게 된다.

그러나 나무가 봄에 태어나지 못하고 겨울에 태어났을 경우 나무는 찬바람을 견뎌야 한다. 불이 여름에 태어나지 못하고 겨울에 태어났을 경우 따뜻한 기운이 약해서 하고자 하는 일이 순조롭게 되지 않는다. 게다가 사주에서 '나'를 돕는 글자가 없으면 힘들게 살게 된다. 그래도 긍정적인 사람들은 '괜찮아. 이 정도로도 감사해.' 하는 마음을 갖는다. 이런 마음은 현실로는 졌어도 마음으로는 지지 않았다는 정신 승리법이다. 현재 처한 상황이 비참해도 '이게 운명이지.' 하면서 자기를 작은 승리자로 만들어 현재에 자족한다. 마음의 욕심을 없애거나 줄이면서 자기 자신을 사랑하는 방법이다. 그런 사람들이 정신적인 승리자이다.

사주보기는 '내'가 처한 현재 상황을 확인하기이다. '나'의 운명을 알면 자기 삶을 인정하게 된다. 사주를 읽어주는 사람은 돈이나 지위 여부를 말하기보다는 마음을 다스리는 소욕지족의 가치를 사주에서 읽어주어야 한다. 사주가 합형충파해가 심하고 대운이나 세운이 '나'를 돕지 않아도 고생 끝에 낙이 온다는 위로를 해야 한다. 무엇이 되고자 한다면 결국 그 모습으로 살게 될 것이라고 확신을 심어주어야 한다.

사주보기는 코에 걸면 코걸이, 귀에 걸면 귀걸이이다. 사주 이론에는 합형충파해(合刑冲破害)가 많다. 그만큼 산다는 것이 쉽지 않고 고달프다는 내용이다. 살면서 사라지고, 부딪치고, 깨지고, 갈라지고, 해로움을 당해도 그런 어려움을 시간과 함께 해결하면서 사는 게 사주이다. 장애물이 생기면 견뎌야 하고, 짐이 생기면 짊어져야 한다. 눈앞에 닥친 힘든 상황을 싫다고 피할 수는 없다. 슬프고 원망스럽더라도 버티고 인내하는 것이 삶이다.

사주보기는 '나'의 계절을 아는 것에서 멈춰야 한다. '내'가 봄 물인지, 여름 해인지, 가을 금인지, 겨울 흙인지를 아는 것에서 멈추어야 한다. 언제 성공하고, 언제 돈 벌고, 언제 죽는지를 알기 위해 사주보기를 하는 것은 아니다. 계절의 흐름이 '나'를 돕는 운에는 성실하게 살면 되고, '나'를 돕지 않는 해에는 마음을 비우고 겸손하게 '괜찮아.' 하는 정신으로 살면 된다. 그런 사람이 정신 승리자이다. 사주 볼 때 언제 부자가 되는지, 언제 죽는지 등은 확률일 뿐이다. 특히 현대 자본주의 시대에는 유교 시대에 완성된 사주 이론이 꼭 맞는 것은 아니다.

08. 불행을 운명으로 탓하기

　변화와 다름이 일상이다. 경쟁과 소유와 과시가 판을 치는 세상이다. 더 노력하고 더 서두르고 더 성공해야 하는 시대이다. 이런 경쟁이 자아를 피폐하게 한다는 사실을 알면서도 노력을 멈출 수 없다. 삶의 기준이 자기가 아니라 타인이기 때문에 끊임없이 자기보다 더 나은 타인을 경쟁상대로 생각해서 노력하고 있다. 그게 삶일지도 모른다.

　성공은 무언가를 얻기 위해 무언가를 포기하는 행동이다. 성공 때문에 인간관계를 포기하고, 명예 때문에 소박한 삶을 포기한다. 성공이나 명예는 수평적 관계 맺기가 아니라 수직적 위계질서에 편입하는 행위이다. 그래서 구조나 타인 속에서 상대적 지위를 가지고 살게 된다. 이럴 경우 의욕 과잉으로 '남'보다 잘 해야 한다며 자기를 채찍질하기에 몸과 마음이 쉬지 못 한다. 이런 시대를 '소진사회'라고 하고 그렇게 살고 있는 모습을 '번아웃 증후군'이라고 한다. 그래서 현대인은 매순간 불안과 외로움을 견디며 살고 있다.

오행(목화토금수)이 담당하는 감정이 있다. 목(木)은 분노와 원한과 화의 감정을 담당한다. 스트레스를 받을 때 제대로 분노하지 못하고 화가 쌓이면 간과 담에 병이 든다. 화(火)는 기쁨과 사랑과 애증을 담당하여 사랑과 기쁨이 없는 삶은 심장과 소장을 약하게 한다. 토(土)는 공감과 연민과 고민을 담당하여 생각이 많고 복잡하면 위와 비가 약해져 소화를 못 시킨다. 금(金)은 슬픔과 죄책감과 후회를 담당하여 우울과 근심이 계속 되면 폐와 대장에 병이 든다. 수(水)는 두려움과 공포를 담당하여 불안이 계속되는 삶은 신장과 방광에 병이 든다.

산다는 것은 불안과 걱정과 좌절을 짐처럼 지는 것이다. 이런 부정적 감정들에 매일 노출되면 사람의 장기는 혹사당한다. 사회생활에서 생기는 분노와 슬픔은 간과 폐를 약하게 하여 크고 작은 질병에 걸리게 한다. 먹고 살기 위해서 겪는 감정 때문에 장기가 약해지고 병까지 걸리고 마음까지 약해진다. 그럼에도 용기 내서 힘차게 살아야 하는 게 사람이다. 노동의 강도를 더 세게 하면서 '내일은 괜찮겠지.' 하면서 말이다.

노력해도 안 되는 운명이 있다. 남만큼 했는데 결과물이 없는 운명이 있다. 이럴 때 슬퍼하거나 분노하지 말고 '팔자인가 보다.', 또는 '세상은 불공평하지.' 하면서 자기를 위로해야 한다. 불행을 운명 탓으로 돌리고 심신을 편안하게 만들어야 한다. 세상에 '내' 뜻대로 되는 일은 하나도 없다. '내' 운명의 주인은 '내'가 아니라 바깥이기 때문이다. 크게는 세계나 사회가, 작게는 가족이나 친구들이 '나'의 성격과 행동을 결정짓는다.

사주에 '재성'이 있다. 재성은 '돈 운'을 나타낸다. 재성은 현실적이고 물질적인 지식 정보이다. 재성이 사주에 있는 사람은 노력한 만큼의 결과물을 얻는다. 재성의 반대편에 '인성'이 있다. 인성은 이상적이고 정신적이라서 지혜를 기르는 마음공부를 의미한다. 여기서 지혜는 돈보다 중요한 것이 마음이라는 정신력이다. 재성이 강한 사주는 돈을 좇아 살면 좋고, 인성이 강한 사주는 마음을 다스리는 지혜를 키우면서 살면 좋다. 이런 태도가 팔자이다. 인성이 강한 사주가 팔자에 없는 돈을 욕심내면 병만 생긴다. 편하게 '가난이 팔자인가 보다.' 하면서 순리로 받아들이면 마음과 몸이 건강할 수 있다. 가난하다고 자존심까지 가난해서는 안 된다.

 실질적인 부자로 사는 것도 잘 사는 모습이고, 가난해도 마음이 행복하면 잘 사는 사람이다. 현실적으로 모두 부자가 될 수 없는 빈익빈 부익부 사회이다. '나'에게 재운이 없다고 슬퍼할 필요가 없다. 이런 사회에서 '내' 불운을 운명 탓으로 돌리고, 자족하는 행복감을 창조하며 산다면 잘 사는 사람이 된다. 타인과 비교해서 '내' 불행을 키우지 말고, 자기가 잘 할 수 있는 일과 취미 생활을 하면서 계절에 맞게 순응한다면 자기 스스로를 보호하는 방법이 된다.

09. 관계 맺으며 변한다

　사람이 혼자 존재할 수 없듯이 사주도 8자끼리 부딪치고 합하고 생하고 극하며 존재한다. 부딪치고 극하면 '내'가 역동적으로 변하고, 합하고 생하면 '내'가 사라진다. '충극(沖剋)'은 깨지면서 다른 상황이 펼쳐지고, '합생(合生)'은 협력자로 조용하게 살아진다. 천간은 생극합충으로 변동하고, 지지는 합형충파해로 요동친다. 팔자가 '생극합충형파해'로 변동하듯이 사람도 주어진 상황에서 '생극합충형파해'를 하면서 굴곡과 변화를 겪는다. 가족이든 학교든 직장이든 친목 모임이든 '나'는 관계 속에서 갈등하거나 협력하면서 살고 있다. 사주도 그렇게 움직이기에 '일진이 좋니. 안 좋니.' 하면서 하루의 운을 점치기도 한다.

　계절은 '왕상휴수사' 한다. 자연은 봄에 새싹이 나와 자라고 여름에 왕성한 모습으로 존재하다가 가을에 뼈만 남고 겨울이면 죽음에 들고 다시 봄에 새로 태어난다. 사람도 태어나서 자라고 늙고 병들어 죽는 시간을 산다. 자연이 왕상휴수사 하듯이 사람도 시간의 흐름 속에서 '생로병사'한다.

천간 오행은 '수생목, 목생화, 화생토, 토생금, 금생수'로 생하고, '목극토, 토극수, 수극화, 화극금, 금극목'으로 극하면서 변한다.

갑목(甲木)은 봄에 새싹을 내는 나무라서 추진력이 강하며, 새로 시작하는 기운이다. 새로 시도하는 일을 두려워하지 않는다. 을목(乙木)은 옆으로 퍼지는 넝쿨이나 작은 꽃나무라서 생명력이 강하고, 아지랑이처럼 유연하여 자기 살 길을 개척하는 적응력이 뛰어나다. 갑을 나무는 불을 살리고 흙을 극한다.

병화(丙火)는 태양이 사방으로 확산되듯이 밝고 환한 기운이며, 만물이 완전히 자란 여름으로 정열적이다. 정화(丁火)는 양 기운이 완성된 모습으로 사람으로 치면 장정의 형상이라 일을 잘 하며 성실하고 희생적이다. 병정 불은 흙을 살리고 금을 극한다.

무토(戊土)는 극에 달한 양 기운으로 봄여름의 외적 성장을 정지시키고 가을 겨울의 내면 성숙을 준비하기에 포용적이다. 기토(己土)는 양 기운을 갈무리하는 중간자로서, 오곡을 무르익게 하는 들판으로 속이 깊고 생각이 확고하다. 무기 흙은 금을 살리고 물을 극한다.

경금(庚金)은 한 해의 곡식을 추수하려고 불필요한 것들을 떨어뜨리고, 열매가 영글도록 내적 성숙을 도모한다. 신금(辛金)은 나뭇잎과 열매가 다 떨어진 늦가을로서 예리하고 섬세하며 흑백논리가 분명하다. 경신 금은 수를 살리고 나무를 극한다.

임수(壬水)는 초겨울의 바닷물이다. 땅에 묻힌 씨앗을 내년 봄까지 양기가 터지지 않도록 완전하게 가두기에 속은 따뜻하다. 계(癸)수는 수축이 완전히 진행된 물로서 새봄을 기다리는 기운으로 희망적이다. 임계 수는 나무를 살리고 불을 극한다.

이렇게 생극합충 원리로 천간은 자기 역할을 하며 움직인다. '내'가 갑목으로 태어났다면 무토를 만나면 극해야 하고, 계수를 만나면 도움을 받아야 하고, 정화를 만나면 희생해야 하고, 경금을 만나면 극을 당해야 한다. 사람도 관계망 속에서 타인을 극하거나 타인에게 도움 받거나, 희생하거나, 극을 당하면서 살고 있다. 사주의 운행 원리가 사람의 상황과 비슷하다. 사람은 조직이나 제도의 구성원으로서 자기 위치에 따라 역할이 다르다. 자기가 살고 싶은 모습으로 살지 못하고 지위나 처지에 맞게 주어진 역할을 수행해야 살아진다. 삶은 부딪치고 깨지면서 '내'가 사라지고 변화하는 과정이다. 가만히 존재하며 사는 생명체는 단 하나도 없다.

사람의 생로병사가 순조롭지 못하듯 사주도 '생극합충형파해'로 요동치면서 변화한다. 그래서 어떤 날은 영웅적일 수 있고, 어떤 날은 패배자일 수 있다. 매일이 조금씩 차이가 나면서 다르게 변한다. 이렇게 계절의 흐름 속에서 운명이 변함을 시간적으로 해석한 것이 명리학이다.

10. 보통의 심리학

바넘 효과는 누구에게나 통용되는 성격이 '내' 성격이라고 생각하는 심리이다. 예를 들어 "너는 착하고 순해. 화가 나면 예리하게 따지지만 곧 잊어버리고 잘 어울려.", "너는 승부욕과 인정욕구가 있어. 뭔가 하고자 하면 끝까지 해내는 참을성이 있지.", "너는 불쌍한 사람을 보면 동정심이 생기고 불합리한 강자를 보면 분노하지." 등등이다. 이런 성격은 인간이면 누구나 가질 수 있는 보통의 성격이다. 이렇게 보편적으로 통하는 성격 특성으로 사주를 읽는다. 그래서 사주에서 성격 맞추기는 거의 80%가 적중한다. 한 사회공간에서 사는 사람들의 삶이 비슷하고 아주 미묘하게만 차이나기 때문에 보통은 비슷한 심리로 살고 있다.

명리학은 한 개인에게만 적중되는 특이성이 아니라 거의 누구에게나 적중되는 보편성을 기반으로 한다. 20세기 중반 미국의 심리학자 '버트럼 포러'가 사람의 80%는 공통성격으로 구성되어 있다고 했다. 그래서 '바넘 효과'를 다른 말로 '포러 효과'라고도 한다. 이러한 80%

의 공통 성격 원리는 명리학의 성격 심리에도 들어맞는다. 그러나 20% 정도의 구체적 차이는 맞출 수 없다. 똑 같은 날 태어났어도 '금수저'로 태어난 사람과 '흙수저'로 태어난 사람의 운명이 다르고, 유전과 환경과 외모의 영향이 각각 다르게 삶을 구성하기 때문이다.

명리학에 식상과 인성이라는 용어가 있다. 식상은 '나'의 재능과 기술과 노력이다. 사주에 식상이 있으면 부지런하다. 식상은 자기를 바깥으로 표출하는 심리이기에 예술가나 언론인, 작가, 연구원 등 개인의 자유가 허용된 공간에서 잘 발휘된다. 식상은 말을 잘하고, 몸으로 하는 무용, 혹은 문자를 운용하는 글쓰기나, 음악적 작곡 능력, 미술의 창의력 등에서 재능이 돋보인다. 또한 식상은 먹을 복도 되고, 수명 복도 된다. 그리고 타인에게 사랑을 주거나 타인을 위해 희생하는 심리라서 주변사람들을 잘 보살핀다. 식상이 있는 사람에게 "사람들에게 퍼주기를 잘하네요. 마음이 여려요. 윗사람보다는 아랫사람과 잘 지내고요. 속 얘기를 감추지 못하고 직언하는 스타일이고요. 또한 예술적, 창조적 재능이 있어요. 그걸 찾아 노력하면 성과를 얻을 거예요."라고 말하면 보통은 맞는다.

식상의 반대편에 인성이 있다. 인성은 '나'를 돕는 조력자이다. 사주에 인성이 발달한 사람은 힘들 때 신기하게 도와주는 사람이 나타난다. 인성은 바깥에서 '나'를 돕는 조력자 같은 기운이다. 넓게는 지식 정보도 되고, 좋은 부모도 되고, 자격증도 되고, 재산도 된다. 인성이 있는 사람은 상식과 논리를 중요시하고 상황에 순응하는 보수적인 면이 있다. 인성은 경쟁적인 성공보다는 평화주의자처럼 포용하는 인생관을 선택한다. 책에서 본 지식정보를 자기 지혜나 철학으로 만드는 머리가 있다. 인성이 강한 사람에게 "보이지 않게 도와주는 조력자가 있네요. 힘들 때 꼭 누군가가 나타나서 일을 해결해 주네요. 인복이 많아요. 내일 돈이 없어서 걱정하고 있는데 다음 날 이상하게 돈 문제가 해결 되네요" 라고 말하면 80%가 맞는다.

사주에 인성과 식상, 두 개가 조화롭게 위치해 있다면 그 사람은 자기가 배운 지식(인성)으로 사회생활에서 자기 재능을 표출(식상)하면서 살 수 있다. 잘 되었을 경우 교수, 국가공무원, 자격증이 있는 전문가, 연구원, 교사가 될 수 있다.

사주에는 삶의 문제와 해결책이 함께 있다. 사주를 보면 자기 성격을 더 잘 알 수 있고 그 성격을 장점으로 키워 현실의 문제를 자기 방식으로 해결해 나갈 수 있다. '내' 사주에서 '나'의 일반적인 성격의 80%를 알 수 있다. 성격이 운명이라고 했다. 사주에 도전적인 성격이 있으면 도전해도 되고, 순응적인 성격이 강하면 순응하면 된다. 그게 팔자이다. 물질의 많고 적음을 떠나서 마음을 행복하게 할 수 있는 방법은 많다. 사주 알기도 그런 방법 중의 하나이다. 자기 사주를 보면서 자기가 가지고 태어난 '보통의 심리'를 알아보면 재미있을 것이다.

11. 극하고 극 당하는 삶

　사람에게는 자유의지가 있지만 자유의지의 대부분은 '내' 의지가 아니라 타인 의지이다. 타인이 좋아 보이면 '나'도 그런 타인처럼 되려고 노력한다. 돈을 버는 타인들을 보면서 '나'도 돈을 벌어야지 하는 의지가 생긴다. 이렇게 타인을 의식하며 사는 삶이 타인 의지로 사는 모습이다. 자본주의는 '내' 의지보다는 타인 의지로 사는 구조이다. 자본주의는 성공한 타인을 상품처럼 생산해서 끊임없이 광고한다. 사람들은 그런 타인들 중 하나를 롤모델로 선택해서 삶의 방향을 결정하게 한다. 타인이 자기를 인정해주어야 자기 가치를 느끼기 때문에 사람은 타인에게 인정받는 삶을 살고자 한다. 명리학에서 타인에게 인정받는 팔자가 재성(돈)과 관성(지위)이다.

　사람들은 돈과 건강을 원한다. 돈 있고 건강하면 자기가 하고 싶은 일을 할 수 있기 때문이다. 그래서 사람들은 자기 사주에 돈, 건강한 아름다움, 행복한 가족, 사회적 지위가 있는지를 궁금해 한다. 그러나 이런 것들은 희귀한 자원이다. 아무나 갖는 것들이 아니다. 누구나 이런 것들을 쉽게 소유할 수 있다면 자본주의는 발달하지도 않았을 것이고, 사회가 지금과 같은 경쟁 구조가 되지도 않았을 것이다. 그리고 어느 사회이든 약육강식과 적자생존의 원칙으로 유지된다.

타인이 인정하는 소유물은 재성과 관성이다. 재성은 '내'가 물질을 얻기 위해 경쟁자를 이겨야 얻을 수 있는 돈이다. 관성은 '내'가 속한 조직에 적응해서 얻은 직위이다. '내'가 조직과 타협하려고 '나'를 사라지게 해서 쟁취한 직업이다. 재성(돈)은 웬만한 힘을 써서는 '내' 손에 잡히지 않는다. 온힘으로 경쟁자를 극해야 재물이 '내' 것이 된다. 에너지를 많이 사용하기에 '내'가 힘이 없으면 돈을 벌 수 없다. 재왕신왕(재도 강하고 '나'도 강함)해야 돈을 잡는다. 재성이 좋은 사주는 재성이 없는 사람보다 물질적인 소유물을 쉽게 취득할 수 있다. 재성은 눈에 보이는 결과물(돈)을 얻기 위해 끝까지 노력하는 힘이다. 일하는 것을 두려워하지 않으며 일을 당연하게 생각한다. 앞으로 나아가는 전투력이 있다. 밀고나가는 추진력이 있다. 사람은 기본적으로 돈을 욕망하면서 산다. 소유하고 싶은 돈의 액수가 서로 다를 뿐이다. 재물이 사회적 가치이고 타인의 인정을 받는 척도이기에 사람은 돈 버는 일을 평생 하는 것이다.

관성은 '나'를 극하는 규율, 윤리, 법, 도덕, 타인의 시선이다. 이런 것들은 '나'를 억압하는 사회적 규범들이다. '나'를 극하고 조절하는 도덕과 윤리이다. 관성이 좋은 사주는 자기에게 명령하는 조직이나 사회 규율을 잘 따른다. 그것이 성공의 길이라고 생각한다. 타인과 타협하여 자기를 객관화 시킨다. 조직이 원하는 인간이 되거나 조직이 원하는 일꾼이 된다. 그래서 관성이 좋으면 위계질서가 있는 조직에서 인정받는다. 관성은 명예나 지위를 얻기 위해 자기 욕망을 억압하는 원리라서 조직 내 적응력이 강하다. 타인을 배려하고 존중하며 타인들과 함께 사는 타협 의식이 있다. 그러나 자기를 통제하며 살기에 그만큼의 스트레스는 있다.

사람은 재물(재성)이나 좋은 직업(관성)을 가진 사람을 부러워한다. 재물이나 지위가 있는 사람이 부러움의 대상이기에 재물과 지위를 추구한다. 재물과 지위가 있으면 인간 대접을 받는다는 느낌이 든다. 그래서 대부분은 타인이 부러워해주고 인정해주는 재성과 관성을 추구하면서 살고 있다. 타인의 인정을 아랑곳 않고 사는 사람은 도 닦는 사람들이다. 이들은 물질이나 지위보다는 마음의 행복을 추구하며 자족하는 사람들이다. 이들은 사주에 재성이나 관성이 없거나 아주 약하다. 사주에서 재성과 관성이 좋은 사람은 타인에게 인정받는 삶을 산다. 그러기 위해서 그들은 열심히 노력한다. 인정받기 위해 경쟁자를 극하거나, 경쟁자에게 극을 당하면서 자기를 없앤다. 재성과 관성을 타고난 사람은 그만큼 사회적 성취도가 높아서 타인의 시선을 중요시 한다. 그것 때문에 타인의 인정을 받으면서 살 수 있는 사주이다.

12. 사주와 자기 암시

　피그말리온 효과는 자기 암시나 타인의 관심으로 좋은 결과가 나타나는 현상이다. 플라시보 효과도 가짜 약으로 환자의 병증을 치료하는 심리요법이다. 이러한 자기 암시법은 삶을 희망적으로 만든다. 자기 암시를 긍정적으로 하는 사람은 부정적으로 하는 사람보다 사회에 적응할 확률이 더 높다.
　사주학도 자기 암시이다. 상담자나 피상담자나 보통의 인간이다. 보통의 인간이기에 상담자는 피상담자를 격려하며 그의 답답한 상황을 위로해야 한다. 사람은 자기를 살리는 본능과 의지가 있다. 본능과 의지는 '내'가 가지고 태어난 사주보다 더 힘이 세다. 사주는 51만 8천 4백 가지가 있다. 남녀를 구분한다면 백만 가지가 넘는다. 확률적으로 백만 분의 일이 '내' 운명이다. 똑 같은 사주로 태어났어도 그 사람의 의지력, 부모의 처지, 지리적 환경, 국가적 상황이 다르면, 각각이 다르게 산다. 차이를 내는 가장 중요한 요인이 자기 '의지와 노력'이다. 그래서 상담자는 피상담자에게 희망적인 암시를 해야 하고,

피상담자 스스로 자기 인생의 문제점과 해결점을 찾도록 조력해야 한다. 물론 사주가 생각만 많고 실천을 하지 않는 사주인지, 무턱대고 시도부터 하는 사주인지, 고집만 피우는 사주인지 등등의 유형은 있다. 그렇다 해도 성실하게 노력하면 자기가 원하는 삶을 살 수 있다. 그렇기에 피상담자가 원하는 대로 살 거라는 자기 예언을 갖게 하고, 자기 꿈을 실현하는 미래를 암시해 주어야 한다.

 자본주의는 돈 없으면 죽고, 놀면 살 수 없는 구조이다. 있는 자든 없는 자든 최소한의 의식주와 직업을 가져야 하고, 사랑하고 사랑받는 사람이 있어야 자족적인 삶을 살 수 있다. 이것은 사람답기 위한 필수조건이다. 그러나 이러한 필수조건조차 누리지 못하는 계층이 많다. 자본주의 폐해를 비판하는 책들과 부익부 빈익빈을 해결해 보려는 정책들이 수도 없이 나와도 대안이 되지 못하고 있다. 평등한 삶 자체가 실현 불가능한 유토피아이다. 자본주의 구조를 정의롭게 조정할 방법은 어느 나라에도 없다. 이런 시대에 돈이나 지위를 갈구할 게 아니라, 자기 욕망을 절제하며 자족하는 사람으로 사는 게 낫다. 부자는 남과 비교하지 않고 자기만족을 하는 사람이다. 그리고 세상에서 '나'에게 관심 가질 사람은 '나' 하나이다. 사람들은 자기 살기에 바빠서 남이 어떻게 사는지 관심이 없다. 그러니까 자존감을 가지고 살려면 자기만의 기준을 세우고 자기 안에서 자족해야 무한경쟁 사회에서 자기 가치를 느낄 수 있다.

 사주는 태어난 순간 정해진다. 그러나 사회적 상황이나 가정환경은 개인마다 다르다. 누구는 부귀한 부모에게서 태어나고 누구는 빈천한 부모에게서 태어난다. 가난한 집에서 태어난 사람이나 부귀한 집에서 태어난 사람이나 똑 같이 사회적 의무와 가정적 책임을 다하면서 살아야 한다. '내' 바깥의 상황이 고속도로이든, 산길이든, 물길이든, 골목길이든 어떻게든 헤쳐 나가야 한다. 사주도 좋고 '내'가 처한 환경도 좋다면 인생이 잘 나갈 것이다. 그러나 사주도 좋지 않고 '내' 상황도 좋지 않다면 독립투사처럼 역경을 헤쳐 나가면서 살아야 한다. 신분은 이미 금수저, 흙수저로 정해져 있기에 좋든 싫든 사람은 자기 앞에 주어진 상황을 인정하면서 '내' 삶도 괜찮다고 다독여야 한다. 자살하는 이들은 생존 욕구가 해결되지 않아서도 자살하지만, 인정 욕구가 충족되지 않아서도 자살한다. 자본주의에서 자살하지 않고 살려면 타인과 비교하며 상대적으로 살지 말아야 한다. 또 타인에게 인정받으려고 하지 말고, 자기만의 삶에 만족해야 한다. 그리고 '내'가 원하는 삶을 살겠다는 자기 암시를 해야 한다.

  사주에는 재능복, 돈복, 직장복, 건강복, 인복이 있지만 이 중 하나만 가지고도 행복하게 사는 사람이 많다. 돈보다는 건강이 좋고, 건강보다는 인복이 좋을 수 있다. 하나만 주어져도 행복하게 사는 사람은 '자기 암시'를 잘 하는 사람이다. 태어난 사주보다 '긍정적인 자기 암시'가 삶을 움직이는 더 큰 운명이 된다.

13. 인정 욕구와 예술가 사주

"사주대로 살지 않는다."라는 말이 있다. 대부분의 사람들은 자기 사주를 모른 채, 사회적 신체적 발달과정에 맞게 공부하고 취업하며 살고 있다. 사주를 믿지 않는 사람도 많다. 자본주의 글로벌 시대에 유교시대의 사주학은 시대착오일지도 모른다. 현대인의 생활이 옛날의 사주 이론대로 진행되는 것도 아니다. 개개인이 처한 실존적 상황을 명리 이론이 설명할 수는 없다. 이론은 현실의 다양성을 재단하기 위한 보편적인 참고 잣대일 뿐이다.

자기 의지를 믿고 노력하는 사람은 사주 같은 운명을 궁금해 하지 않는다. '내' 현재가 불안하고 '내' 의지로 어떻게 하지 못하는 상황에서 사주가 궁금하다. '걱정거리가 해결될지, 직장에서 잘리지 않을지, 부부문제에 이상은 없을지, 자식이 잘 될지'가 예측되지 않을 때 사주보기를 한다. 사주를 보고 마음의 결정이나 선택에서 도움을 받기 때문이다. 팔자에는 이사운, 승진운, 취업운, 연애운, 재운 등이 나와 있다. 사주를 보는 사람들은 이런 것이 궁금해서 사주를 본다. '내'가 누구인지에 대한 철학적 성찰이 궁금해서 사주를 보는 게 아니다. 살림살이가 나아질지, 아프지 않을지가 궁금해서 본다.

사람은 둘 이상만 모여도 상대방에게 자기 가치를 확인받고 싶은 마음이 생긴다. 관계에서 타인에게 인정받지 않고서는 '나'라는 자아는 의미 없다. 대부분의 사람들은 관계 맺고 있는 가까운 지인의 인정을 받으면서 살아간다. 사람은 즐거움이나 슬픔의 정서도 타인에게 인정받아야 존재감을 느끼는 사회적 동물이다. 잘 된 사람은 자신의 우월함을, 우울한 사람은 자신의 공허한 내면을 타인이 바라보아 주기를 바란다. 사주학에도 인정욕구에 관련된 이론이 있다. 사람 사이에서 관계 맺는 '내' 마음의 인정욕구를 인성과 식상으로 설명할 수 있다. 인성은 '나'를 생해주는 오행이고, 식상은 '내'가 생하는 오행이다. 모든 것이 변하듯이 팔자도 만나는 타인에 따라 변한다. 관계에서 영원함은 없다. 어제의 친구가 오늘은 방관자가 되고, 어제의 편안함이 오늘은 불안이 된다. 사주도 상황에 따라 그런 식으로 변한다.

안정적으로 자기 관리를 하는 능력을 인성이라고 한다. 인성은 '나'를 지탱해주는 사회적인 자격증이나 졸업장이다. 도장인(印)자의 인성(印性)이다. 인성이 발달한 사주는 타협적이며 보수적이다. 기존질서를 따른다. 이에 반해 식상(食傷)은 주관적인 표현능력이다. 식상은 활동력이고 새로움을 추구하는 자유영혼이다. 인성이 사회가 인정하는 방식으로 자기 의견을 낸다면, 식상은 기발한 방식으로 자기 생각을 표출한다. 식상(食傷)은 자기의 생각과 느낌을 자기 마음대로 솔직하게 표현한다. 인성이 타인과 타협하려고 보편적인 의견을 낸다면, 식상은 자기의 독특함을 기발한 방식으로 표현한다. 식상이 강한 사람은 타인의 눈치를 보지 않고 직설적으로 행동하기에 구설수에 시달린다. 식상의 솔직함은 인성의 타협성과 부딪친다. 공동체는 튀는 사람을 불편해 한다. 식상은 튀는 심리이다. 타협적인 인성이 자유영혼인 식상을 만나면 부딪치고 중화되려고 노력한다. 인성의 타협이나 식상의 튀는 심리나 타인에게 인정받으려는 인정욕구가 밑바탕에 깔려 있다.

'중이 절 싫으면 떠나야 한다.'는 말에 비유한다면 중은 식상이고, 절은 인성이다. 인성은 사회적으로 통용되는 길을 따르고, 식상은 자기만의 길을 간다. 식상의 입장에서 인성의 사회성은 중요하지 않다. 식상의 개인성은 기존의 세상을 낯설게 만든다. 그러나 식상의 창의성도 인성의 보편성처럼 사람들에게 인정받아야 즐거움이 있다. 일반성(인성)과 창의성(식상)은 부딪치지만 창의성도 사회적인 인정을 받아야 가치가 발생한다. 인성이 타인과 통용되는 방식으로 인정욕구를 추구한다면 식상은 타인과 다르다는 방식으로 인정욕구를 추구한다. 인성이 기본기라면 식상은 기본기에 창의성을 더하는 능력이다. 팔자에 인성과 식상이 함께 있다면 기존질서 내에서 자기만의 창의성을 인정받는 예술가가 될 수 있다.

14. 부귀(富貴)한 사주

 노력해도 원하는 결과물을 얻을 수 없는 게 있다. 돈이나 지위, 부귀(富貴)이다. 나름대로 노력했어도 '내' 차지가 되지 않는다. 희소가치인 돈이나 지위는 끈기 있게 노력한 누군가에게 돌아간다. 경쟁 사회에서는 누구나 노력한다고 해서 돈과 지위를 손에 넣는 게 아니다. '나'보다 더 잘난 누군가가 늘 있다.
 추진력이 있어서 현실적인 결과물을 얻는 사주가 있다. 이런 사람은 사주에 재성과 관성이 발달해 있다. 재성은 '내'가 극하는 오행이고, 관성은 '나'를 극하는 오행이다. 극하는 사주이기에 남보다 더 힘을 내서 노력한다. 순하게 살아서는 극을 할 수 없다. 돈(富)이나 지위(貴)는 타인을 극하거나 '내'가 극을 당해야 얻을 수 있는 결과물이다.
 재성은 돈을 벌기 위해 현실적으로 행동한다. 목적이 이루어질 때까지 노력을 포기하지 않는다. 일을 해도 계획을 세워서 한다. 장애물이 생기면 그 장애물을 해결하는 의지력이 있다. 재성이 좋은 사주는 일이 좋아서 하기보다는 성공하기 위해서 일을 한다. 결국에는 자신이 원하는 성과물을 손에 넣는다. 사주에 재성이 없으면 적당하게 노력하다가 안 될 것 같으면 포기한다. 자기 추진력이 약하다. 사회적 성공보다는 자기만족적으로 산다.

관성은 지위를 얻어 안정적으로 살려는 욕망이다. 타인과 잘 지내면서 자기를 보호하는 울타리를 만드는 능력이다. 꺾일 때 꺾이고 주장할 때 주장하면서 자기를 관리하는 힘이다. 타인의 억압을 인내하고, 타인에게 희생하면서 직위를 얻기 위해 노력한다. 인내력과 희생심으로 조직에 적응한다. '나'의 경쟁자들과 잘 지내거나 경쟁자들을 물리칠 수 있는 실력을 쌓는다. 사주에 관성이 있어야 직업운이 좋다. 사주에 관성이 없으면 끝까지 노력해서 성공해 보려는 힘이 약하다. 그래서 예부터 관성이 있는 사주를 좋게 보았다.

재성과 관성이 잘 조합된 사주는 사회적으로 성공할 확률이 높다. 부귀(富貴)를 획득할 가능성이 있다. 재성과 관성은 부귀한 삶을 가치로 여긴다. 타인과의 관계에서도 돈이나 지위로 자기 위치를 내보인다. 사회는 위계적이라고 생각한다. 주관적으로 자기를 과대평가하거나 과소평가하지 않는다. 겉으로 드러나는 돈이나 지위를 가지고 계급적으로 자기 위치를 정한다. 사회적 목표가 확실하기에 타인에게 인정받는 방식으로 경쟁하고, 성공하려는 의지가 강하다.

사람은 어떻게든 자기 자신의 가치를 확인 받고 싶어 한다. 자기 가치가 확인되지 않을 때는 외롭고 힘들다. 그래서 사회에서 인정받으려고 한다. 인정받는 사주가 재성과 관성이 좋은 사주이다. 노력해서 얻을 수 있는 성과물이다. 이런 사주일 경우에 작게 만족하기보다는 눈에 띄게 잘 살려고 노력한다. 쉬지 않고 노력하기에 외롭거나 힘들 시간이 없을지도 모른다. 성과를 내야 하기에 잡념에 시달리거나 고독할 시간이 없을지도 모른다. 자아보다는 타인의 시선이 삶에서 더 중요하게 작용한다. 극하는 사주는 사회적이고 타인 지향적이다.

순행하는 사주는 자기가 자기를 인정하면서 산다. 타인이 자기를 어떻게 보는지에 관심이 없다. 자기만족적으로 산다. 인성과 비겁과 식상이 발달한 사주이다. 인성은 '나'를 생하는 오행이고, 비겁은 '나'와 같은 오행이고, 식상은 '내'가 생하는 오행이다. 이들은 서로 도우며 극(剋)하지 않는다. 생하면서 산다. 생하는 사주는 자기가 행복하면 사회적 성공 같은 욕망에 매달리지 않는다. 이들은 경쟁적이기보다는 순리적인 편이다. 남들이야 어떻게 살든 개의치 않고 자기 삶을 살아간다. 반면에 극하면서 사는 사주는 더 열심히 노력했기에 사회적 성과물을 얻을 수 있다. 생하면서 사는 사주는 남을 부러워하지 않고 자기 삶이 즐거우면 그것으로 만족한다. 극하든 생하든, 어떤 삶이든 타고난 생년월일시에 따라 사는 모습이 다를 뿐이다. 부귀한 사주로 태어나도 복이고 자기만족적인 사주로 태어나도 복이다.

15. 돈 못 버는 사주는 없다

 사주에 비겁(比劫), 식상(食傷), 재성(財星), 관성(官星), 인성(印星)이 있다. 비겁은 친구와 인맥이고, 식상은 끼와 재능이고, 재성은 돈과 생활 능력이고, 관성은 지위와 명예이고, 인성은 지식과 자격증이다. 이러한 것들은 세상을 살기 위한 필요조건들이다. 모든 사람의 사주에는 이 다섯 가지 중에 두 가지 이상이 있다. 팔자에 없더라도 10년마다 바뀌는 대운에서 이런 조건들이 들어온다. 그래서 사람이 자기가 원하는 목적을 위해 노력하고 있다면 언젠가 목표한 꿈을 작든 크든 성취할 수 있다.
 비겁은 나와 같은 오행이다. 나와 같은 오행이기에 동료나 인맥이 된다. 비겁이 좋은 사주는 인간관계가 많다. 친구나 선배, 후배 등 우정과 유대를 중시한다. 비겁은 사람관계를 잘 할 수 있는 능력이다. 회사의 사장이나 조직의 고위직은 비겁이 발달해 있다. 비겁이 있어야 '내' 편이 있고, 인간관계를 잘 할 수 있다. 비겁의 사주는 남의 밑에서 일하기보다는 자기가 우두머리가 되어야 한다. 물론 비겁이 너무 많으면 자기 의견이 강해서 남의 말을 듣지 않거나 충고를 무시할 수 있다. 그래서 실패하는 경우가 있기에 비겁이 많으면 남의 말을 경청하는 겸손함을 길러야 한다. 타인을 인정하고 배려하면서 자기를 낮추어야 돈을 벌 수 있다.

식상은 내가 생하는 오행이다. 나의 능력을 밖으로 펼쳐내는 재주이며 끼이다. 물건을 제조하거나 예술적 창작품을 만드는 열정이다. 시작하는 것을 두려워하지 않고 일하는 과정을 즐긴다. 요리 기술이나 미용 기술이나 음미체 등에서 창의적인 자기표현을 할 수 있다. 연예인 기질도 식상이다. 혁신적인 시각으로 기존 질서의 문제점을 지적하기도 한다. 감정적이고 솔직하기에 구설수에 시달릴 수 있다. 말하는 직업인 기자, 변호사, 검사, 선생님에 알맞다.

재성은 '내'가 극하는 오행이다. 재성은 현금 재산이고 '내'가 활용하는 사회적 공간이다. 돈을 중요하게 생각하고 돈 앞에서 충실하다. 재성은 알뜰하고 꼼꼼하며 구두쇠 기질이 있다. 돈 되는 일이 아니면 달려들지 않는다. 현실적이다. 노력에 대한 대가가 헛되지 않게 계획적으로 일을 한다. 저축도 잘하며 돈을 쉽게 낭비하지 않는다. 식상이 돈 버는 기술이라면 재성은 실질적으로 돈을 손에 쥐는 능력이다. 돈을 신처럼 모시는 유형이라서 은행이나 증권 회사, 협동조합에서 일을 잘한다. 저금, 예금으로 돈을 모아서 부자가 될 수 있다.

관성은 나를 극하는 오행이다. 관성은 직위나 지위를 차지하기 위해 기존질서에 적응하는 능력이다. 조직 질서를 중요하게 생각하기에 조직 내에서 참을성과 인내심을 발휘한다. 관성은 재성이 벌어 온 돈을 지키는 보관자이다. 사주에 관성이 없으면 돈을 벌더라도 '내' 돈이 될 수 없다. 관성은 타인에게 인정받는 일을 한다. 타인에게 피해주지 않는다. 사회적 책임을 다한다. 타인의 인정을 중요하게 생각하기에 타인의 관점에서 자기 욕망을 통제한다. 사회적 기대에 부응하기 위한 행동을 한다. 공무원이나 공기업, 회사 등 조직 내에서 일하면서 돈을 벌 수 있다. 사주에 관성이 없으면 자유영혼이라서 돈보다는 자기 즐거움을 추구한다.

인성은 나를 생해주는 오행이다. 문서나 지식이나 자격증이다. 인성이 발달한 사주는 명예를 추구하고 안정된 삶을 추구한다. 모험이나 도전정신이 약해서 기존 질서가 인정하는 자격증을 가지고 산다. 확실한 집문서나 땅문서 등을 중요하게 여긴다. 인성은 지식과 정보를 습득하는 머리가 있다. 공부해서 취업하는 모든 직종에 인성이 힘을 발휘한다. 선생님, 박사, 의사, 검사, 판사, 교수 같은 직업으로 돈을 벌 수 있다. 인성은 인복도 좋다.

자기 사주에 비겁, 식상, 재성, 관성, 인성 중 어느 것이 발달했는지에 따라 자기 성향에 맞는 일을 하면서 돈을 벌 수 있다. 사주는 기본적으로 먹고 사는 방법에 대한 이야기이다. '내' 팔자에 맞게 직업을 구하면 세상을 무난하게 살 수 있다.

16. 사주와 자유의지

사주보기 무섭다는 사람이 있다. 불행한 운명이 있을까봐 걱정하는 심리이다. 그러나 사주에 나쁜 운명은 없다. 보통의 생로병사가 있다. '나'보다 더 큰 운명은 세계, 국가, 부모, 자식이다. 이들이 '내' 삶의 방향을 결정한다. 하지만 '내' 사주는 '나'라는 작은 개인에게 주어진 기호일 뿐이다. 사주를 보고 머리를 쓰며 살지, 몸을 쓰며 살지, 생산하고 판매하며 살지, 사무직으로 살지를 선택할 수 있다. 운칠기삼(運七技三)이라고 재주나 능력은 3할이다. 그 3할이 '내' 사주이다. '나'에게 주어진 명(命)이다. 7할은 '내'가 어떻게 할 수 없는 더 큰 운(運)으로 국가, 사회, 부모, 자식의 환경이다.

건강과 주체성은 비겁이고, 공부와 실력은 인성이고, 직업과 명예는 관성이고, 재산과 돈은 재성이고, 즐거움과 기발함은 식상이다. 이 다섯 개가 다 들어 있는 사주는 거의 없다. 건강하게 태어나서(비겁), 공부 잘하고(인성), 좋은 직장에서 승진하며(관성), 돈 잘 벌고(재성), 즐겁게 산다(식상)면 더 이상 바랄 게 없다. 그런데 사람마다이 중에서 무언가는 부족하다.

 십간 10개(갑을병정무기경신임계)와 지지 12개(자축인묘진사오미신유술해)를 합치면 22자이다. 22자 중에서 8자만 '내' 것이다. 14자는 '내' 것이 아니다. 그래서 '팔자'라고 한다. 팔자 중에 타인의 눈치를 보지 않고 즐겁게 사는 사람들이 있다. 사주에 비겁(건강과 인맥)과 식상(즐거움과 창조성)이 발달되어 있는 사람들이다. 재성(돈)과 관성(직장)이 없어도 나름대로 프리랜서로 일하면서 살 수 있다.

 비겁은 '나'와 같은 오행이다. '나'를 돕는 조력자이면서, '내'가 열심히 살도록 채찍질 해주는 경쟁자이다. 비겁은 돈보다는 사람을 중요하게 생각한다. 자기 주체성이 강하고 남과 나를 동등하게 생각해서 공사(公私)를 구분한다. 평등 의식이 있어서 강자가 잘못하면 지적하고 약자를 불쌍히 여긴다. 사주에 비겁이 한두 개가 있어야 돈도 벌고 명예도 얻을 수 있다. 비겁은 재성(돈)을 가져다 쓸 수 있는 끈기이고, 관성(지위)에 복종하면서 자기를 조절하는 융통성이다. 비겁이 없으면 바깥 상황에 휘둘려 신경이 쇠약해지거나 우울증이 생길 수 있다. 비겁은 건강한 신체이며 독립심이다. 전문직, 프리랜서, 자영업, 인맥관리 일을 하면 좋다.

 식상은 내가 생하는 오행이다. 식상은 '나'를 밖으로 표출하는 힘이다. 복과 덕과 장수를 나타낸다. 낯선 환경에서도 사람에게 먼저 다가가고, 즐거운 분위기를 조성한다. 활달하고 낙천적이다. 오늘 좌절했어도 내일이면 희망적으로 새 일을 시작한다. 의식주에 관련된 일이나 사회사업을 하면 잘 된다. 생산, 판매, 영업도 잘한다. 금융, 학문 탐구, 예술에 관련된 일도 좋다. 결과보다는 과정에 의미를 부여하고 사람들과 친화력 있게 지낸다. 권위나 지위를 가진 사람이 잘난 척을 하고 지배하려고 하면 저항하고 반항한다. 정의로운 투사처럼 부당하게 제압당하는 상황을 못 견딘다. 자존심과 자기 잘난 맛이 강하다.

사주에 비겁과 식상이 잘 배치되면, 자유의지가 강하다. 타인의 평가에 흔들리지 않고, 자기만의 삶을 창조하며 산다. 비겁의 주체성과 식상의 오락성은 실패를 해도 금세 일어난다. 시행착오를 반복하면서 자기만의 노하우를 만든다. 손에 잡히는 결과물보다는 행동하는 과정에서 행복감과 의미를 찾는다.

사주에 비겁과 식상만 있고, 재성(돈), 관성(안정된 직장), 인성(자격증과 문서)이 없다고 걱정할 필요가 없다. 비겁과 식상은 자기가 하고 싶은 일을 하며 과정을 즐긴다. 요즘 유행하는 소확행(작지만 확실한 행복)이나 워라밸(일과 삶의 균형)의 삶을 살 수 있다. 타인 앞에서 기죽지 않는다. 비겁과 식상은 연대 의식으로 세상을 밝고 따뜻하게 만든다. 이런 사주는 운명에 좌우되지 않는다. 자기만의 확고한 세계관으로 세상과 맞선다.

17. 사주와 감정 건강

 완벽주의자는 신경을 너무 써서 심장병이나 고혈압을 앓을 수 있다. 희생주의자는 손해 본다는 생각이 들면 분노가 쌓여 암에 걸릴 수 있다. 비판주의자는 자기 논리가 통하지 않으면 우울증과 뇌질환을 앓을 수 있다. 완벽을 추구하고, 타인을 위해 희생하고, 타인을 비판하는 행동은 인정받으려는 욕구이다. 이러한 행동은 감정을 소모한다. 자신이 생각한 대로 잘 되지 않을 경우에 원망과 분노가 생겨 정신을 사납게 만들고, 걱정과 근심이 발생해서 화병과 암을 키우며, 부러움과 질투에 시달려 우울증을 앓는다.

 갑을(甲乙) 목(木)은 봄이다. 위로 솟는 나무이고(甲), 옆으로 뻗는 꽃(乙)이다. 신체의 근골격계이다. 나무나 꽃은 적극적이다. 새로운 것을 좋아하고 낡은 것에 흥미를 잃는다. 위로 크고 옆으로 뻗으면서 돋보이려고 한다. 그렇게 되지 않으면 분노하고 원망하며 화를 낸다. 이런 감정은 간담(肝膽)을 상하게 한다. 간이 쪼그라들며 딱딱하게 굳어져서 근육과 골격을 약하게 한다. 갑을목이 충(沖)을 당하면 근골격계가 약해지고, 강하면 분노조절을 잘 하지 못 한다. 신맛의 음식을 적당히 먹으면 좋다.

병정(丙丁) 화(火)는 여름이다. 태양(丙)과 별(丁)이다. 하늘에 떠 있어 비현실적이고 낭만적이다. 신체의 심소장(心小腸)에 해당한다. 심혈관계이다. 불은 기쁨과 즐거움과 사랑의 감정이다. 사주에 병정화가 많은 사람은 열정적이다. 그러나 과도한 즐거움이나 기쁨은 심장에 무리를 준다. 기분 내키는 대로 좋아하다가 상대방에게 거절당하면 슬픔에 빠진다. 극단적인 기쁨과 사랑은 건강에 좋지 못하다. 적당한 즐거움과 사랑이 심장을 건강하게 만든다. 운에서 병정화(丙丁火)가 충을 당하면 혈관계가 약해진다. 쓴맛의 음식이 심소장에 좋다.

무기(戊己) 토(土)는 간절기이다. 위비장(胃脾腸)을 나타낸다. 산(戊)과 논밭(己)이다. 병정화가 하늘에 떠 있어 이상주의자라면, 무기토는 땅에 뿌리를 내린 현실주의자이다. 먹어야 사는 것처럼 흙은 양식을 키우는 근원이다. 흙의 감정은 근심, 걱정, 동정, 연민이다. 운에서 무기토가 충(沖)을 당하면 동정심과 걱정이 생긴다. 그런 감정이 비위를 약하게 한다. 단맛이 위비를 보호할 수 있다. 스트레스 받았을 때 탄수화물 같은 단 음식을 찾는 이유는 비위를 다스리기 위해서이다. 근심 걱정이 심하면 입맛을 잃게 되고 소화기계가 약해진다.

경신(庚辛) 금(金)은 가을이다. 쇠(金)와 보석(辛)이다. 잘 변하지 않는다. 겨울을 준비하게 위해 봄여름에 풍성했던 나뭇잎을 떨어뜨린다. 결실을 맺고 수확을 한다. 경신 금은 폐(肺)와 대장(大腸)을 나타낸다. 슬픔과 후회, 죄책감, 우울의 감정을 담당한다. 운에서 경신 금이 극(剋)을 당하면 슬픔과 좌절에 빠져 폐 대장에 병이 온다. 너무 우울하면 숨이 안 쉬어지고 대장이 딱딱해진다. 피부도 머리카락도

거칠어진다. 치아나 관절 건강도 약해진다. 매운 맛의 음식을 먹으면 폐 대장의 건강에 도움이 된다.

임계(壬癸) 수(水)는 겨울이다. 저수지에 모아진 물(壬)와 흐르는 계곡물(癸)이다. 겨울은 만물이 정지하고 휴식한다. 이듬 해 봄을 준비하며 주변을 정리하고 최소한의 활동만 한다. 신장(腎臟)과 방광(膀胱)을 담당한다. 물의 감정은 두려움, 공포, 불안이다. 사주에 임계 수가 많으면 생식기나 배설기관이 약해진다. 불안하면 오줌소태나 생식기능에 문제가 발생한다. 무서움에 사로잡히면 오줌을 싸거나 가위에 눌린다. 약한 소금물이 신장 방광에 도움이 된다.

오행은 목화토금수이다. 분노는 간담(木)에, 기쁨은 심소장(火)에, 근심은 위비(土)에, 슬픔은 폐대장(金)에, 두려움은 신장방광(水)에 해당되는 감정이다. 이러한 감정들은 적당해야 좋다. 지나치거나 모자란 감정이 건강에 해를 끼친다. 병은 감정을 조절하지 못해서 생긴다. 신체와 정신 건강을 위해 자기 나름대로 중용을 잃지 않도록 감정 관리를 해야 한다.

18. 사주와 직업 적성

사주에 십성이 있다. 비견, 겁재, 식신, 상관, 정재, 편재, 정관, 편관, 정인, 편인이다. 비견겁재를 비겁, 식신상관을 식상, 정재편재를 재성, 정관편관을 관성, 정인편인을 인성이라고 한다. 십성은 '나'를 기준으로 상대적 관계에서 이름 지어진 용어들이다. 비견은 친구, 겁재는 경쟁자, 식신은 재능과 기술, 상관은 언변과 반항심, 정재는 고정 수입, 편재는 사업 수입, 정관은 안정 직위, 편관은 희생 직위, 정인은 자상함, 편인은 눈치 빠름의 의미가 있다.

식상은 활동력이 강하다. 식상은 '내' 힘을 밖으로 내보내는 표현능력이다. 식신은 한 가지 일을 잘하는 전문가적 기질이고, 상관은 기존 질서의 불합리를 고치려는 기질이다. 식신은 기술과 재능이다. 상관은 관성(기존질서)에 저항하는 공격 의식이다. 상관은 부조리한 사회를 비판하고 좋게 고치려고 한다. 상관의 표현력은 바깥으로 나타난다. 반면에 식신은 자기 내면으로 파고 들어간다. 식상은 자기기준으로 세상을 보며 자기가 살고 싶은 삶을 산다. 식상이 있으면 연예인,

예술가, 창조자, 혁명가 같은 직업에서 자기 재능을 뽐낼 수 있다.

활동력이 강한 식상을 제어하는 사주가 인성이다. 인성은 사회적 규율이나 합리성이다. 인성은 '나'를 생해주는 오행으로 지식과 정보이며 조력자이다. '나'를 인정해주는 사회적 증명서이고 자격증이다. 식상이 앞으로 달려간다면 인성은 그 속도를 조종하는 절제력이다. 인성은 연구원, 학자, 기획자에 적합하다. 인성은 기존질서에서 인정하는 지식을 배우고 익힌다. 학교 공부를 잘한다. 식상이 튀는 행동파라면 인성은 느긋한 생각파이다. 식상이 타인의 눈치를 보지 않고 솔직하게 말하고 행동한다면, 인성은 타인을 배려하며 간접적으로 에둘러 표현한다. 식상은 자기 결정이 중요하고 인성은 타인과의 타협이 중요하다. 인성은 타인의 거울에 비추어 타인에 맞추어 행동하고 말을 조절한다.

재성과 관성은 열정과 노력이다. 재성은 돈이고 관성은 직위이다. 이 둘은 적극적이고 끈기가 있다. 재성과 관성은 보통보다 두 배 이상의 노력을 하며 끝을 보는 기질이다. 자동차에 비유한다면 재성은 가속기이고 관성은 신호등이다. 재성이 열정적으로 목표를 향해 전진한다면, 관성은 자기 책임을 다하려고 노력한다. 관성은 타인의 인정을 받는 명예를 추구한다. 재성과 관성은 사회에서 성공하려는 의욕이 강하다. 재성은 성실하고 근면하고 꼼꼼하다. 관성은 책임감과 인내심과 희생심이 강하다. 재성은 부자로 인정받고 싶어 하고, 관성은 높은 직위로 인정받고 싶어 한다. 그래서 재성과 관성은 삶의 기준이 타인이다. 사회 속에서 타인에게 인정받아야 사는 맛을 느낀다. 자유영혼인 식상이 자기만족적이라면, 재성과 관성과 인성은 사회적으로 타인에게 인정받는 것을 중요하게 생각한다. 돈을 잘 벌고(재성), 좋은 직장에 근무하고(관성), 존경받는 사람(인성)이 되어야 자기만족이 생긴다.

사주에서 비겁은 건강함이고 인복이다. 비겁은 돈보다는 인간을 중요하게 생각한다. 비겁이 있어야 식상도 재성도 관성도 인성도 '내' 의지로 부릴 수 있다. 비겁은 자기 기준으로 세상을 살기에 기죽지 않는다. 비겁은 '나'와 관련된 사람들이다. 비겁이 있어야 재성(돈)운이 올 때 돈을 잡을 수 있다. 비겁은 독립심이고 승부욕구이다. 그래서 사장, 사업가, 결정자, 지도자, 운동선수 같은 직업이 적합하다.

사주에 나타난 십성에 따라 적성에 맞게 직업을 구하면 사는 게 편안할 수 있다. 비겁은 운동선수나 사업가, 정책 결정자,/ 식상은 창조자, 발명가, 색다른 일,/ 재성은 금융가, 외교관, 사업가, 공무원,/ 관성은 공직자, 검경직업, 직장인,/ 인성은 학자, 교수, 선생님 등을 잘할 수 있다. 그리고 비겁과 식상이 발달되면 자기만족적인 직업이 좋고, 재성과 관성과 인성이 발달되면 타인에게 인정받는 직업을 갖는 것이 좋다.

19. 사주와 신살론

명리학 원리는 음양오행의 생극제화이다. 천간과 지지가 생(生)하는지 극(剋)하는지 제(制)하는지 화(化)하는지를 보고 운명을 해석한다. 흔히 듣는 도화살이나 역마살, 공망살, 화개살 등은 천간의 생극관계가 아니라 지지들 간의 형충파해 원리에 나름대로 이름을 붙인 것이다. 예부터 전해 온 술법이기에 알고 있으면 좋겠다. 신살에서 신(神)은 긍정적인 역할을 하고, 살(殺)은 부정적인 역할을 한다. 천을귀인, 문창귀인은 긍정적인 신이다. 삼형살, 도화살, 홍염살, 역마살, 백호살, 괴강살, 양인살, 삼재, 원진살, 귀문살, 파살, 해살은 부정적인 살이다.

천을귀인은 만 가지 신을 다스리는 신이다. 천을귀인은 인격이 뛰어나고 총명하며 지혜롭고, 사리분별을 잘한다. 대운에서도 천을귀인이 오면 좋다. 천을귀인은 살면서 생기는 불행한 일을 막아내며, 좋은 일을 더 좋게 만든다. 문창귀인은 총명의 별이다. 학문에 뛰어나며, 추리력, 발표력, 예지력이 있어 공부를 잘한다.

삼형살은 인사신(寅巳申), 축술미(丑戌未)이다. 삼형살은 안정감을 깨뜨리고, 개혁하는 기질이다. 장점은 자기 소신이 뚜렷하고 카리스마가 있어 정의로운 지도자가 될 수 있다. 단점은 사고, 질병, 소송, 형액이 발생한다. 냉정하고 자기주장이 세고, 수술 수가 있고, 동분서주 바쁘다. 경찰, 군인, 의사 등 생사여탈권을 가진 직업을 가지면 좋게 작용한다.

도화살과 홍염살은 인기살이다. 자묘오유(子卯午酉)이다. 사람들에게 인기가 많고 어디서나 돋보인다. 예술적 감성이 풍부하고 언어 구사력과 애교가 있으며, 처세술이 능하다.

역마살은 이동, 해외, 여행, 분주함을 나타내는 인신사해(寅申巳亥)이다. 인신사해는 각 계절의 시작으로 움직임의 에너지가 넘친다. 역마가 있으면 외교, 관광, 무역, 항공 일이 좋다.

백호살은 피를 보는 흉한 살이라서 현대에는 급작스런 사고 살로 본다. 괴강살은 우두머리, 영웅호걸의 좋은 의미와 극빈, 단명, 횡액, 수술의 나쁜 의미가 있다. 백호살과 괴강살은 진술축미(辰戌丑未)로 토의 기운이다. 토 기운은 신뢰와 안정의 의미가 강하고 중용의 힘이기에 그렇게 부정적으로 작용하지 않는다. 강한 에너지를 가진 변화의 힘으로 작용한다. 백호살과 괴강살이 들어오는 해에 조심스럽게 행동하면 사건사고는 없을 수 있다.

양인살은 카리스마와 설득력이다. 긍정적일 때는 장군, 외과의사, 정치가, 기업가 일을 할 수 있는 힘이다. 부정적일 때는 깡패, 형벌, 악당의 기운이다. 양인살은 일간의 힘을 강하게 해서, 투쟁력과 경쟁력으로 사람을 지배하는 힘이다.

삼재는 수재(水災), 화재(火災), 풍재(風災)이다. 혹은 전쟁, 기근,

전염병이다. 삼재는 12년마다 3년간 들어 있다. 첫해에 우환, 걱정거리, 횡액이 생기고, 다음 해에 매사 일이 지체되고 실패와 불운이 생기고, 끝 해에 피해가 가장 크다고 한다. 그러나 삼재는 맞지 않는다. 삼재가 맞는다면 전체 인구 4분의 1 정도가 삼재에 처하게 된다. 그리고 12년마다 3년씩 생고생을 한다. 고통의 세월을 쉴 새 없이 보내게 된다는 의미인데, 현재 인간이 역사를 발전시키면서 살고 있는 것을 보면 삼재는 맞지 않음을 알 수 있다.

원진살은 궁합을 볼 때 활용된다. 원진살은 미워하고 싸우는 살이며, 인간관계를 방해하는 불화살이다. 귀문살도 신경증, 예민함, 우울증에 시달리게 하는 살이다. 파살은 깨뜨리는 기운이고, 해살은 해로움이다. 이러한 살들은 형살이나 충살보다 강도가 약하다.

사주를 볼 때 위에서 말한 신살 때문에 근심할 필요가 없다. 사람은 관계 속에 존재하기에 관계의 맥락이 더 강하게 작용하지, 사주에 있는 신살이 그대로 일어나는 것은 아니다. 팔자의 합형충파해를 먼저 본 후에, 신살을 보조적으로 해석할 뿐이다. 신살이 있다는 말을 듣고 겁먹을 필요가 없다. 신살은 가벼운 사건사고, 혹은 속상한 일 정도로 보면 된다.

20. 사주가 세다, 혹은 약하다

'나무'는 봄여름에 왕성하고 가을겨울에 쇠한다. 그래서 봄여름을 왕상(旺相)이라고 하고, 가을겨울을 휴수사(休囚死)라고 한다. 왕은 왕성함이고, 상은 평탄함이고, 휴는 휴식을 취하고, 수는 가두고, 사는 죽는다는 의미이다. '나무'는 가을겨울에 뿌리를 땅에 가두고 잔가지를 죽인다. 그 이듬해에 가지와 잎이 새롭게 나온다. 이러한 순환이 왕상휴수사(旺相休囚死)이다.

겨울나무는 실제로 죽어 있는 게 아니다. 봄에 새잎을 피우기 위해 겨울의 차가운 공기와 언 땅을 인내하고 있다. 수(囚)와 사(死)는 가두고 죽는다는 의미가 아니라 겨울나무처럼 참아내고 버틴다는 의미이다. '태양'은 여름에 뜨겁고 겨울에 약하다. '물'은 겨울에 차갑고 여름에 따뜻하다. 이렇게 오행의 기운이 왕할 때를 왕상(旺相)이라고 하며, 사주가 세다고 한다. 반대로 쇠할 때를 수사(囚死)라고 하며, 사주가 약하다고 한다. 휴(休)는 과도기인 휴식 기간이다.

왕(旺)은 비견과 겁재이다. '나'와 같은 오행이다. 비겁이 많으면 사주가 세다. 건강함, 추진력, 승부욕이 넘친다. 비겁은 세상을 살아가는 데 힘이 되는 친구, 형제, 사람이다. 두세 개 정도가 있으면 좋다. 너무 많으면 독불장군이 되어서 타인들과 융화하지 못 한다. 자기 힘만 믿고 나대다가 부러진다.

상(相)은 정인과 편인이다. '나'를 생해주는 인성이다. 도와주는 바탕이다. 어머니, 공부, 자격증, 문서, 통장이다. 학위를 따고, 취직시험에 합격하고, 부동산을 갖는 힘이다. 기존 지식을 받아들이고 안정적으로 인간관계를 맺는다. 인성이 있어야 말년에 저금통장과 부동산이 생긴다. 사주에 비겁과 인성이 많으면 사주가 세다. 센 사주는 자기 고집이 있어서 세상을 사는데 긍정적으로 밀고 나간다. 사주가 세다고 해서 나쁜 건 아니다.

휴(休)는 식신과 상관이다. '내'가 생하는 식상이다. '나'의 재능, 기술, 창의력, 생활 수단이다. 식상은 휴식을 취하고 즐기면서 일하기에 주관적 행복 수준이 높다. 타인의 기준으로 세상을 살지 않는다. 나르시스가 강하며 남이 칭찬해주면 만족한다. 자유영혼의 기질이다. 인간관계도 맺고 싶은 사람하고만 맺는다.

수(囚)는 정재와 편재이다. '내'가 극하는 재성이다. '내'가 취하는 재물이다. 활동적, 계획적, 실리적, 현실적 심리이다. 재성을 가둘 수(囚)라고 한 이유는 돈을 벌기 위해 놀고 싶은 욕망을 가두고 일을 해야 하기 때문이다. 좋은 대학에 들어가기 위해 학생은 책상 앞에서 공부를 하고, 돈을 벌기 위해 어른은 밤낮으로 일을 한다. 기업가는 상품을 팔기 위해 타인의 욕망에 맞춰 자기 욕망을 조절한다. 돈복은 자기를 낮추고 무슨 일이든 끝까지 하는 사람에게 있다. 결과물을 획득하기 위해 목표 지향적으로 움직이는 사람에게 있다.

사(死)는 정관과 편관이다. '나'를 극하는 관성이다. 직장운, 성공운, 명예운이다. 조직에서 직위나 지위를 성취하는 힘이다. 조직이 원하는 사람이 되기 위해 자신의 욕망을 죽인다. 참을성, 인내력, 희생심이다. 승진하고, 명예를 얻기 위해 사사로운 자존심을 죽이고, 공익적인 일에 자기를 적응시킨다. 사주에 재성과 관성이 많으면 사주가 약하다. 자기를 가두고 죽여야 하기 때문이다. 그러나 자기를 희생했기에 돈과 권력을 얻게 된다.

"지는 것이 이기는 것."이라는 격언처럼 사회나 조직을 위해 자기를 희생시키는 사람은 객관적으로는 더 나은 위치에 처할 수 있다. 사주에 재성, 관성인 수사(囚死)가 많으면 자기를 낮추기에 사주가 약하다. 이런 사람은 건강관리를 잘 해야 한다. 돈 벌고 성공하려고 하다가 건강을 해칠 수 있다. 반면에 비겁, 인성인 왕상(旺相)이 많으면 사주가 세서 건강하다. 사주가 약하면 건강관리에 신경 쓰면서 살면 되고, 사주가 세면 겸손하게 살면 된다. 사주가 세든 약하든 팔자라는 운명은 사람을 살리기 위한 것이지 죽이기 위한 것은 아니다.

♡

part 2

상대적 관계성

21. 사주와 욕망 이론

매슬로우는 욕구 5단계론을 말했다. 1단계 생리적 욕구, 2단계 안전 욕구가 개인이 살기 위한 필요조건이다. 3단계 소속 욕구, 4단계 자아존중 욕구, 5단계 자아실현 욕구는 사회생활을 하기 위한 조건이다. 이러한 5단계 욕구 중 한두 개만 있어도 살 수 있다. 요즘 같은 소확행(작지만 확실한 행복감) 시대에는 어쩌면 1, 2단계 욕구만으로도 자기 행복을 누릴 수 있다.

사주는 천간 '갑을병정무기경신임계'와 지지 '자축인묘진사오미신유술해'가 관계를 맺어 22자가 된다. 하지만 사람은 8자만 가지고 태어난다. 무언가 부족하게 태어나서 그것을 채우기 위해 열심히 일하는 것이 인간의 운명이다. 팔자의 관계에 이름을 붙인 것이 십성이다. 십성은 비겁(비견, 겁재), 식상(식신, 상관), 재성(정재, 편재), 관성(정관, 편관), 인성(정인, 편인)이다. 이 십성을 욕구 5단계로 쉽게 이해할 수 있다.

식상은 제1단계인 생리적 욕구이다. 창조, 발명, 연구, 개발, 변화

욕망이다. 인생을 즐겁게 산다. 자기가 하고 싶은 말을 하고, 입고 싶은 옷을 입는다. 표현하는 능력이 좋고 미적 감각을 중시한다. 잘 웃고 잘 말하고 처음 보는 사람에게 먼저 관심을 보인다. 잘 먹어서 몸도 건강하다. 사주에 식상만 잘 타고 나도 평생 먹을 복과 수명 복이 있다. 생존에 문제가 없다.

재성은 제2단계인 안전욕구이다. 재성은 재산 운용능력, 자기영역 확보 능력, 활동력, 소유 능력이다. 알뜰하고 꼼꼼하며 돈에 대해서 치밀하게 계산한다. 현실적이고 실리적인 행동을 한다. 사업가, 금융직, 유통직에서 자기 능력을 발휘한다. 식상이 재미있어서 일을 한다면 재성은 돈을 벌기 위해 일을 한다. 사주에서 식상(생리적 욕구)과 재성(안전욕구)이 잘 발달되어 있으면 먹고 사는 것은 문제가 없다. 자본주의 시대에 알맞은 능력이다. 잘 먹고, 잘 벌어 즐겁게 살면 그것이 인생이라는 심리이다. 식상과 재성은 '나' 중심적으로 산다.

관성은 제3단계인 소속욕구이다. 관성은 조직 운용능력, 책임감, 희생심, 인내력이다. 조직에 속해서 타인에게 인정받는 것이 목표이다. 조직인이 되기 위해 자기를 조직에 맞추며 희생한다. 힘든 일을 성실하게 참아낸다. 타인과 조화를 이루며 타인과 잘 지내려고 한다. 기업임원, 고위직 공무원, 조직경영, 행정직에 걸맞다. 관성은 식상이나 재성보다는 타인을 배려하는 태도이다. 타인에게 좋은 평가를 받기 위해 노력하는 기질이다.

인성은 제4단계인 자아존중 욕구이다. 공부, 문서, 지식, 보존 능력이다. 명예를 추구한다. 학문적으로 전문가이다. 재산을 관리하고, 결재서류에 사인을 하며 자기를 높이려고 한다. 인성은 타인들에게 인정받기 위해 열심히 공부한다. 관성과 인성이 조화된 사주는 직장에서 승진 운이 좋다. 관성과 인성은 타인 지향적으로 산다. 조직 내에서 인정받는 것이 인생의 목표이기 때문이다. 요즘 식으로 말하면 스펙을 쌓는 노력을 계속하는 모습이다.

비겁은 제5단계인 자아실현 욕망이다. 독립심, 자신감, 경쟁심이다. 자신을 믿고 나아가는 힘이다. 자기가 하고 싶은 일을 끝까지 해내는 저력이다. 지든 이기든 도전하는 추진력이 있다. 비겁은 자기 꿈을 이룰 수 있는 의지력이다. 사주에 비겁이 있어야 세상을 향해 밀고 나가는 힘이 발휘되며, 타인의 눈치를 보지 않고 자기만의 길을 간다.

이러한 5가지 욕구는 삶의 기본 조건이다. 먹고 자고 즐겁게 살고(1단계 식상), 돈 벌고(2단계 재성), 공동체에 소속되어 자기 증명을 하고(3단계 관성), 명예를 얻고(4단계 인성), 자기 꿈을 실현하는 과정(5단계 비겁)이 삶의 통과의례이다. 요즘은 무한 욕망을 추구하는 시대 같지만 이 다섯 가지 중 한두 개만 추구하면서 살고 있는 편이다. 이 중에서 하나가 꼭 필요하다면 비겁이다. 비겁은 '내' 건강이며, 자존심이다. '나'와 같은 오행으로 친구이며 형제이며 인맥이다. 타인과 잘 지내며 자아실현을 위해 노력하는 능력이다.

22. 10천간의 의미

천간은 '갑을병정무기경신임계'이다. 오행으로 나누면 '갑을 목, 병정 화, 무기 토, 경신 금, 임계 수'이다. 오행은 다시 음양으로 나뉜다. '을정기신계'는 음(작고 섬세함)이고, '갑병무경임'(크고 대범함)은 양이다.

갑(甲)은 하늘에서는 우뢰이고 땅에서는 나무이다. 인자함과 봄을 상징한다. 새로 나기 위해 위로 솟는 힘이 있다. 껍질을 깨고 나온다. 한국은 갑(甲)의 나라이다. 빠르고 힘차며 활기차다. 시작을 잘 하고 적극적이고 도전적이다. 호기심이 많고, 미래지향적이며, 사람들에게 주목받고 싶어 한다. 을(乙)은 하늘에서는 바람이고 땅에서는 꽃이고 식물이다. 넝쿨 식물처럼 유연성이 있어서 환경 적응력이 강하다. 어떻게든 꽃 피우려고 노력하기에 실속적이고 애교가 많고 감성적이다. 이해타산이 빠르고 꼼꼼하다. '갑을' 나무는 긍정적이며 생활력이 강하다.

병(丙)은 하늘에서는 태양이고 땅에서는 큰불이다. 저돌적이고 화

끈하고 밝다. 솔직하고 뒤끝이 없다. 겁이 없어서 혁신적이고 개혁적이며 데모대의 선봉장이다. 정의감과 의협심이 있고 희생적이다. 직선적이라서 구설수에 시달릴 수 있다. 정(丁)은 하늘에서는 별이고, 땅에서는 촛불이다. '정(丁)'의 한문 모습은 씨앗과 열매를 맺는 형상이다. 따뜻하고 헌신적이며 봉사심이 있고 문명 개발을 상징한다. 내성적이어서 예민하고 소심하지만 상황에 따라 사교적이며 합리적으로 일을 잘한다. 외로움을 잘 느끼고, 화가 나면 무섭게 변한다. '병정' 불로 태어나면 예의 바르며 열정적으로 꿈을 이루는 기질이 있다.

　무(戊)는 하늘에서는 노을이고, 땅에서는 산이다. 의젓하지만 고독한 편이라 속생각을 모른다. 묵묵히 들어주기를 잘하다가도 화가 나면 화산처럼 폭발한다. 봄여름을 마무리 짓고 가을겨울로 가는 전환기의 계절이라 포용적이고 중립적이며 공평하다. 듬직하지만 고정관념이 강해서 융통성이 부족하다. 비현실적이고 신비적이라서 정신세계를 추구하는 기질이 있다. 기(己)는 하늘에서는 구름이고, 땅에서는 논밭이다. 곡식과 과일을 익히는 힘이다. 참을성이 있고, 동정심이 많은 어머니의 마음이다. 순박하고 자애롭고 부지런하고 봉사적이다. 포용성이 있고 이해심이 많다. 속정이 깊으며 성실하다. '무기' 흙으로 태어나면 신의가 있으며 먹고 살 수 있는 집이나 생산할 수 있는 토지가 있다.

　경(庚)은 하늘에서는 달이고 땅에서는 쇠이다. 가을에 열매를 맺고 결과물을 내는 기운이다. 우직하고 고집 세다. 소신이 뚜렷하며 의협심과 충성심이 있다. 검찰, 경찰, 군인의 이미지이다. 실리적이지만 사심이 없고 공익적이다. 고지식해서 회사원이나 공무원이 좋다. 신(辛)은 하늘에서는 서리이고 땅에서는 칼이나 보석이다. 나뭇잎을 떨어뜨리는 서릿발 같은 매서운 기운이다. 매듭짓고 마무리를 잘한다. 감수성이 예민하고 섬세하지만 경쟁심과 오기가 강하다. 자기를 알아주기를 원해서 인정욕구가 '갑을 나무'만큼 강하다. 보석이라서 눈에 띈다. '경신' 금 기운으로 태어나면 굳은 신념과 변치 않는 자기자신감이 있다.

  임(壬)은 하늘에서는 비이고 땅에서는 바다이다. 물처럼 자유자재로 흐르는 기운이다. 장애물이 있으면 잘 피해서 흐르기에 지혜가 있다. 학자나 연구원에 알맞다. 유연하며 이성적이다. 친화력과 포용력이 좋으며 대범하다. 바닷물처럼 강해서 밀어 붙이는 힘이 있고 기억력과 암기력이 좋다. 계(癸)는 하늘에서는 눈이고 땅에서는 계곡물이다. 환경에 쉽게 동화되며, 겨울을 끝내고 봄을 향해 흐르기에 생명수라고도 한다. 산이나 들판을 축이면서 새싹을 틔우기에 낙관적인 경향이 있다. 상황판단이 빠르고 임기응변적이다. 계곡물이 사람들의 생명수가 되듯이 기본적으로 살리려는 마음이 강하다. '임계' 물로 태어난 사람은 인자요산 지자요수(仁者樂山智者樂水)라고 말했듯이 지혜로움을 가지고 있다.

23. 기해(己亥)년과 정재의 의미

　올해는 기해(己亥)년이다. 천간 기(己)는 논밭이고, 지지 해(亥)는 초겨울 바닷물이다. 기(己)는 노란색이고, 해(亥)는 돼지라서 올해를 '황금돼지해'라고 한다. 돼지는 예부터 '돈'을 상징한다. 황금색 돼지이니 2019년은 나라경제가 잘 풀릴 것이라고 생각할지도 모르겠다. 하지만 부동산 하락에 따른 대출 이자 상승 문제로 서민이 울고 있고, 시급 인상에 따라 아르바이트 자리가 점점 없어지고, 영세 자영업은 작년 한 해에 50%가 문을 닫았다. 잘사는 사람들이나 정규직에 안정된 직장에 다니는 사람들이야 국가 경제나 정책 변화가 어떻든 간에 사는데 불안과 공포가 없을지도 모른다. 그들은 황금돼지, 그 이미지에 맞게 더 금전적으로 축적을 할지도 모른다.

　'황금돼지해'인 기해(己亥)년은 사주 십성으로 보면 정재의 해이다. 정재는 향상성과 안정성을 추구한다. 성실하고 꼼꼼하고 보수적이다. 소유를 중시하며 계산적이고 계획적이다. 알뜰살뜰 돈을 모으는 구두쇠의 모습이다. 정재는 '돈'을 벌기 위해서 대범한 변화와 모험을 꺼린다. 주어진 상황에 만족하며 고정적인 월급을 차곡차곡 모으는 돈이다. 누구에게 돈을 빌리지도 않고, 빌려주지도 않는다. 주식이나 부동산에 투자하지도 않고, 저축성 예금을 통해 적지만 확실한 이자로 돈을 번다. 이런 정재의 의미로 볼 때, 2019년은 현상유지를 하면서, 현재의 즐거움보다는 미래를 대비하며 돈을 덜 소비하는 해가 될 것이다. 정재는 투기처럼 뻥튀기하는 돈이 아니다. 일한만큼 들어오는 돈이다. 그래서 대부분의 서민들이 헛된 과소비를 하지 않고 절약하며 살 것이다. 부동산 투기를 하려고 빚을 지는 일을 예전처럼 하지 않을 것이다. 정재는 자기 능력으로 갚을 만큼만 빚을 내고 반드시 갚는 기질이다.

기(己)의 흙과 11월인 해(亥)를 합치면 기해(己亥)는 '11월의 바닷물 위에 떠 있는 논밭'이다. 춥고 축축하고 습하다. 다가올 겨울 3개월을 마주하고 있는, 쓸쓸한 모습이다. 황금돼지의 화려한 모습이 아니다. 물기에 젖어 있는 빈 들판이다. 이럴 때는 착실하고 소심하게 살아야 겨울을 잘 날 수 있다. 쓸데없이 일을 벌이지 않고 실리적으로 행동하고 계획을 잘 잡아야 살아남을 것이다. 적은 돈을 알뜰하게 운용하여 내년 봄이 될 때까지 절약하며 살아야 하는 상황이다.

기해(己亥)는 12운성으로 태(胎)이다. 태(胎)는 엄마 뱃속에 막 잉태된 모습이다. 세상물정 모르는 '아기씨'이다. 순진무구하며 판단력도 미흡하고 소심하다. 자궁의 안락함 속에서 앞으로 태어날 희망도 가지지만, 언제 뱃속에서 떨어질지도 모른다는 불안도 함께 가지고 있다. 적극적으로 크게 활동할 수가 없다. 그래서 2019, 기해년은 나라나 개인이나 바깥으로 뻗어 나가는 모습이기보다는 내실을 다지는 해가 될 것이다. 거품이나 허세 같은 투자보다는 실리적인 투자가 있을 것이다. 황금돼지해라 해도 나라경제가 들불처럼 확 살아나는 모습은 아니다.

　기해(己亥)는 천간 기(己)가 지지 해(亥)를 극하는 모양이다. 흙은 물을 극한다. 그러나 논밭의 작은 흙으로는 큰 바닷물을 막을 수 없다. 하늘의 기운이 기(己)라 할지라도 땅의 제왕인 바닷물 해(亥)를 극하기에는 부족하다. 이 의미는 2019년 한 해가 순리적으로 순조롭게 흐르지 않을 것을 상징한다. 극하는 기운은 서로 충돌하는 기운이다. 살기 위해 에너지를 많이 써야 한다. 극심한 경쟁 상황에 처하게 되어 살아남으려면 몸과 마음의 기운을 많이 써야 하는 해가 될 것이다. 묵묵하게 참고 노력하는 길밖에 살 길이 없다. 그래야만 자기가 원하는 일을 성취할 수 있다. 2019년은 국민 모두가 IMF 때처럼 힘겨운 싸움을 하며, 긴축하며 절약하며 살아야 할 것이다. 그러나 '황금 돼지'라는 이미지를 마음에 품고, 힘들어도 밝게 사는 긍정적인 태도가 좋을 것이다. 마인드 컨트롤이 자기 자신은 바꿀 수 있기 때문이다.

24. 사주십성과 기질

　십성은 비견, 겁재, 식신, 상관, 편재, 정재, 편관, 정관, 편인, 정인이다. 십성은 사주학의 꽃으로 개인의 사회적 관계성을 알려준다.

　비견은 독립심, 결단력, 추진력, 건강함이다. 남에게서 인정받고 싶은 욕구가 강하다. 대인관계를 중시하고 타인을 배려한다. 공사구분을 잘 하고, 자신감이 있어 솔직하게 자기를 표현한다. 겁재는 '재산을 빼앗다.'는 의미이다. 경쟁적이고 투쟁적이고 밀어붙이는 힘이다. 리더십과 승부사 기질이 있다. 의리와 신용을 중시하며 강자에게 저항하고 약자를 보호한다. 맹렬하게 노력한다. 비견과 겁재의 특징은 카리스마이며 적극적인 활동력이다. 비겁이 4글자 이상이면 역작용이 일어난다. 자기 과신에 빠져 자기 것을 남에게 빼앗기게 된다.

　식신은 온화하고 낙천적이다. 한 가지 일에 전문가가 될 때까지 노력한다. 옛 것보다는 새 것에 관심이 많고, 창의적이며 미래지향적이다. 여행과 사람을 좋아하며, 감성적이고 예술적이다. 힘들지 않게 돈을 버는 능력이며 일이 놀이이며 놀이가 일이 된다. 하고 싶은 것을 하며 살아도 먹고 사는 데 문제가 없다. 상관은 언변이 뛰어나고 자기 주장이 강하다. 상관은 인간관계의 폭이 넓지만 오래 가지 못 한다. 자유영혼으로 자기 마음대로 한다. 개방적이고 적극적이다. 비판적이고 임기응변에 능하다. 비밀을 발설하는 편이고, 권태와 심심함을 잘 느껴서 항상 재미있는 일을 찾아다닌다. 식신과 상관은 먹고 살려는 의지가 강하다.

편재는 아이디어가 많고 실천력이 좋다. 돈 버는 일에 귀재이다. 대인관계를 다방면적으로 맺으며 원만하고 부드럽다. 투자나 투기를 잘한다. 과정보다는 결과물을 중시한다. 필요하면 적과도 친할 정도로 오지랖이 넓다. 외교 수완과 활동력이 좋다. 유흥이 많고 쾌활하고 사교적이고 연애의 기술이 있다. 돈을 무서워하지 않고 잘 쓴다. 융통성과 요령이 있다. 모든 사람에게 잘하지만 특별히 좋아하는 사람은 없다. 정재는 도덕적이고 정의로우며 헛된 돈을 탐하지 않는다. 성실하고 근면하고 충직하다. 안정 지향적으로 검소하게 살고 저축을 잘한다. 인색하여 손해 보는 인간관계는 맺지 않는다. 재성은 실리적이고 세속적이다.

편관은 의협심과 카리스마가 있다. 겁재와 비슷하다. 의리를 중시하고 권력 지향적이며 약자를 돕고 강자에게 저항한다. 배짱과 담력이 있는 리더십이다. 친구들에게 지배자처럼 굴려고 해서 문제가 되지만 자기가 사랑하는 사람들을 확실히 보호한다. 스트레스를 잘 받아 피로가 빨리 온다. 정관은 정재와 비슷하다. 유능한 지도자로 올바른 길을 가려고 한다. 검소하고 성실하며 바른 생활을 한다. 모범적이고 보수적이고 고지식하다. 출세 지향적이라서 자기보다 잘난 사람하고도 잘 지내며 업무 효율성과 신용을 중시한다. 관성은 조직적응력이 좋다.

　편인은 고독한 천재이다. 평범함을 거부한다. 잠재적 재능이 많고 신경이 예민하다. 모든 것을 의심하며 기준이 까다롭다. 다방면적으로 아는 것이 많으며 기예적인 끼가 있다. 한 가지 일만 하면 전문가가 될 가능성이 높다. 비생산적이고 실리를 따지지 않는다. 겉보다는 속을 중시한다. 재성이 구체적이라면 인성은 추상적이다. 재성과 관성이 후천적 교육으로 똑똑해진다면 인성과 식상은 타고난 똑똑함이다. 정인은 인정 많고 공부를 좋아한다. 자비롭고 명예 지향적이다. 고지식하고 전통적이다. 실제적이고 합리적으로 명석하다. 타인 의존적인 편이고 주기보다는 받기를 잘한다. 인성은 물질적이기보다는 정신적이다.

　비견은 독립, 겁재는 투쟁, 식신은 사랑, 상관은 제압, 편재는 열정, 정재는 성실, 편관은 희생, 정관은 의무, 편인은 의심, 정인은 인정을 상징한다. 자기 사주에 어떤 십성이 있는지에 따라 사회적 인간관계를 맺는 방식이 달라진다. 인성은 나의 기반이고, 재성은 나를 길러주고, 관성은 나를 안정시키며, 식상은 나를 노력하게 한다. 비겁은 자존심을 지키게 한다.

25. 사주 십성의 역학 관계

　십성은 기질이다. 비견, 겁재는 조직력, 지배력, 경쟁력, 신체건강이다. 식신, 상관은 표현력, 동정심, 혁신력, 비판력이다. 편재, 정재는 실천력, 집착력, 행동력이다. 편관, 정관은 수행력, 관리력, 절제력, 통제력이다. 편인, 정인은 기획력, 인내력, 기억력, 학력이다. 이런 복을 모두 가지고 태어날 수 없다. 천간과 지지 22자 중에서 8자만 가지고 태어나고, 그것도 치우치거나 혹은 뒤섞여서 태어난다.
　비겁이 좋은 사주는 경쟁적인 직업에서 좋은 성과를 낼 수 있다. 비겁이 재성(목표 의식)을 만나면 돈을 벌기 위해 앞으로 밀고 나가는 추진력이 생긴다. 재성은 관리감독 능력이고 성실성과 실천력이다. 사업이나 투자기회를 보는 안목이 생긴다. 비겁이 인성(지식)을 만나면 연구원이나 학자가 될 수 있다. 인성은 요령이고 기획력이다. 비겁이 식상(창의력)을 만나면 제조업, 연예인, 예술가, 벤처사업, 변호사 일을 잘한다. 비겁이 관성(책임감)을 만나면 공직에서 일한다. 관성은 효율성을 중시하는 리더십이다. 사주에 비겁이 있어야 남에게 휘둘리지 않고 자기 확신을 하며 살 수 있다.

　식신은 독창성, 전문성이다. 상관은 설득적, 개방적, 직설적, 외교적이다. 식신은 글을 잘 쓰고, 상관은 말을 잘한다. 식상은 부하직원을 잘 다루며, 자기만의 기술과 재능이 있다. 식신은 안정적, 방어적으로 일을 하고, 상관은 개방적, 모험적으로 일을 한다. 식신(창조력)이 재성(관리력)을 만나면, 생산, 판매, 제조업이 좋다. 상관(정의감)이 편관(희생심)을 만나면 군인, 경찰, 검찰 일이 좋다. 상관의 비판하는 능력이 편관의 칠전팔기 정신과 합해져서 권력을 잡을 수 있다. 사주에 식상이 있어야 남의 눈치를 보지 않고 자기만족적으로 살 수 있다.

　정재는 치밀, 꼼꼼, 알뜰, 성실이다. 보수적, 합리적이다. 회사원, 공무원, 세무사, 회계사 일이 좋다. 안정적인 월급 생활을 한다. 편재는 통제력, 결단성, 과단성이다. 공간 감각이 좋아서 토목이나 건축 일을 잘한다. 정재는 현금 재산을 중시하고 돈을 아낀다. 반면에 편재는 돈 쓰는 일을 무서워하지 않고 겁 없이 투자하는 배짱이다. 항상 큰돈을 꿈꾼다. 증권투자, 부동산 투자, 사업, 상업, 건축 일을 잘한다. 재성(성실함)이 식상(창조성)을 만나면 일을 무서워하지 않고 저돌적으로 밀고 나간다. 부자가 될 수 있다. 식상은 시작하기를 잘 하고 재성은 목표를 이루기 위해 끈질기게 노력한다. 재성이 있는 사람은 인간을 잘 다룬다.

　정관은 안정감, 신뢰감, 책임감, 공명정대함이다. 공무원, 회사원이 알맞다. 편관은 칠전팔기 정신이며 희생정신이다. 관성은 조직적, 사회적 협력을 중시한다. 성과 지향적이며 봉사심과 살신성인의 기질이다. 행정직, 군인, 경찰, 검사, 등 통제하는 일을 잘한다. 객관적인 관성은 주관적인 비겁(자아)을 통제할 수 있다. 인내심과 합리적 실행력으로 타협하는 사회를 만들려는 리더십이다. 체면과 명예가 중요하고, 타인의 인정을 중요시한다. 재성이 물건을 사기 위해 돈을 번다면, 관성은 명예를 얻기 위해 돈을 벌고, 인성은 재산을 늘리기 위해 돈을 번다.

정인은 지혜, 학문, 보호, 온화함이다. 교육자가 알맞다. 편인은 신비적, 종교적, 철학적이다. 학자, 예술가, 의약사, 연구원이 알맞다. 인성은 시험 합격운이 좋아 증명서를 취득하는 능력이다. 재성이 현금 재산이라면 인성은 머릿속의 지적 재산이다. 집, 땅, 자동차, 특허권도 인성이다. 사주에 인성(자격증)과 비겁(추진력)이 있어야 자립심이 발휘된다. 정관(객관성)과 정인(합리성)이 만나면 공무원, 정관과 편인(전문성)이 만나면 연구원이다. 정인과 식신(창조성)은 교육자이고, 편인과 상관(표현력)은 천재 예술가이다. 비견(조직력)과 정인은 복지 공무원, 겁재(승부욕)와 편인은 의학자이나 약학자이다. 십성의 구성에 따라 기질이 달라지고 시너지 효과가 달라진다. 자기 사주의 십성을 알아보면 직업을 선택하는데 도움이 된다.

26. 사주와 질병

　사주에 '목화토금수'가 골고루 배치되어 있으면 건강하다. 질병은 하나의 오행이 아주 약하거나 아주 강할 경우에 발생한다. 사주에 나무만 많은데, 금 기운이 하나뿐이다. 그럴 경우에 금 기운의 장부에 병이 생긴다. 금 기운의 장부는 폐, 대장이다. 각각의 오행에 따라 질병이 생기는 부위가 다르다. 갑(甲)은 담과 머리, 을(乙)은 간과 목, 병(丙)은 소장과 어깨, 정(丁)은 심장, 무(戊)는 위장과 갈비, 기(己)는 비장과 배, 경(庚)은 대장과 배꼽, 신(辛)은 폐와 다리, 임(壬)은 방광과 정강이, 계(癸)는 신장과 발을 상징한다.

　사주에 금 기운이 많은데, 대운이나 세운에서 목 기운이 들어온다. 그럴 때는 금 기운이 목 기운을 친다. 그러면 목(木)에 해당되는 간담이 약해진다. 간담은 피부나 머리카락에 병이 들고, 중풍을 일으킨다. 이런 해(年)에는 뇌질환을 조심해야 한다. 자기 사주에서 약한 오행이 어떤 오행인지 알아보면 몸의 어느 부위가 약한지를 알 수 있다.

　사주에 재성이나 관성이 강하면 몸이 약하다. 재성이나 관성은 극

(剋)을 한다. 사주가 목극토, 토극수, 수극화, 화극금, 금극목으로 극하는 경우에 질병에 걸릴 확률이 높다. 사주에 물이 많거나 불이 많으면 우울증이나 조울증을 앓을 수 있다. 사주에 물 기운이 많으면 배꼽 아래쪽에, 불 기운이 많으면 심장 위쪽에 병이 생길 확률이 높다. 목 기운은 몸의 좌측에, 금 기운은 몸의 우측에, 토 기운은 몸의 가운데에 병이 생긴다. 자기 사주에 어떤 기운이 어떻게 위치하고 있는가에 따라 병증이 다르다.

목(木)의 질병은 중풍, 시력 약화, 머리털 빠짐, 손발톱이 건강하지 않다. 화(火)의 질병은 종양, 화병, 가려움증이다. 토(土)의 질병은 입에서 냄새가 나고, 구토가 있다. 금(金)의 질병은 코가 막히거나, 말을 더듬고, 분노 조절장애가 있다. 수(水)의 질병은 허리와 발이 약하다.

평소에 몸의 이상 상태가 느껴지면 오행에 맞게 음식을 조절하는 것이 좋다. 시력이 약해지면 간담을 보호하고, 눈이 충혈 되면 심장을 안정시키고, 눈이 부우면 위비를 관리한다. 귀에서 이명이 들리거나 잇몸이 아프면 신장방광을 보호한다. 만성 비염이면 폐, 대장에 신경을 써야 한다. 얼굴색이 파라면 간담을 보호하고, 얼굴색이 검으면 신장방광을 관리한다. 얼굴색이 하야면 폐, 대장을 조심하고, 얼굴색이 붉으면 심, 소장을 관리한다. 얼굴색이 노라면 위비에 신경을 쓴다. 각각의 오행에 맞게 색깔 있는 음식을 섭취하면 좋다.

세운(한 해의 운)이 비견, 식신, 정관, 정재, 정인 운이면 그 해는 건강하게 지낼 수 있다. 그러나 세운이 겁재, 상관, 편재, 편관, 편인 운이면 수술이나 사고수가 있다. 겁재는 수술, 상관은 교통사고, 편재는 신경통, 편관은 암, 편인은 중풍에 노출될 수 있다. 물론 단편적인 추론이지만 나이 든 분들은 이런 세운에는 건강관리에 신경 써야 한다.

질병으로 인한 사망 시기는 식신을 치는 편인 운에 발생할 확률이 높다. 편인은 의식주를 상징하는 식신을 극한다. 식신은 수명과 건강을 상징한다. 식신이 편인에 극을 당하면 그 해는 몸과 마음이 아프다. 그리고 식신이나 편재가 입묘되는 운이 사망 시기이기도 하다. 식신은 즐겁게 사는 능력이고, 편재는 활동적인 힘이다. 생활력과 활동력의 기운이 묘지로 들어가는 해에는 건강관리를 잘해야 한다. 나이가 젊으면 상관없다. 그러나 50이 넘은 나이일 경우라면 의식주가 즐거운 식신과 일을 하는 활동력인 편재를 치는 합형충파해가 들어오는 해에는 병에 걸릴 확률이 높다. 사주는 해마다 바뀐다. 새해에 어떤 운이 들어오느냐에 따라 한 해의 건강이 좌우된다. 건강을 치는 운이 들어오면 그 해에는 사건사고와 음식을 조심해야 한다. 사주에서 제일 약한 오행이나 제일 강한 오행에 병이 올 수 있으니까 조심해야 한다. 젊었을 때는 상관없지만 40대나 50대에는 묘지 운이 들어오는 해에는 특별히 건강관리를 해야 한다.

27. 돈 없는 사주는 없다

　용신은 '나'를 돕는 신이다. 태어난 달(月)이 용신이다. 태어난 달에 따라 돈을 버는 방법이 다르다. 비겁이면 사람들을 이용해서 돈을 번다. 식상이면 재능과 끼로 벌고, 재성이면 부지런한 능력으로 벌고, 관성이면 조직의 혜택을 받고, 인성이면 지식으로 돈을 번다. 돈 버는 방법이 다를 뿐, 돈 없는 사주는 없다. 태어난 달은 '나'의 사회성을 결정한다. 태어난 달이 정인이나 정재, 정관이라면 안정적, 보수적으로 산다. 기존 질서에 자기를 적응시킨다. 공무원이나 회사원이다. 주어진 항상성을 유지하려고 노력한다. 그러나 태어난 달이 편인, 편관, 상관, 겁재라면 기존질서를 바꾸려고 한다. 모험적이고 도전적으로 산다. 창조적, 독립적으로 살려고 한다. 예술가, 발명가, 연구자, 사업가 같은 삶을 산다.
　사주에 재성이 좋다고 돈을 잘 버는 것은 아니다. 또 사주에 겁재(재성을 겁탈하다)가 있다고 돈이 없는 게 아니다. 돈은 노력하면 벌 수 있다. 십성에 따라 돈 버는 방법이 다르다. 십성은 비견(친구), 겁재(경쟁자), 식신(재능), 상관(끼), 정재(저축심리), 편재(투자심리), 정관(성실), 편관(희생), 정인(지식), 편인(의심)이다. 식상과 재성이 몸을 쓰고 발로 뛰면서 돈을 번다면, 관성과 인성은 사무실에 앉아서 지식으로 돈을 번다. 사주에 금수(金水)가 많으면 목화(木火)의 사주보다 돈을 모을 가능성이 더 있다. 금수는 가을, 겨울로 수확하고 저장하는 기운이다. 목화는 바깥으로 확장하며 피어나는 기운이다. 목화의 기운은 모으기보다는 발산하는 기운이다.

사주에 '비견 → 식신 → 정재'가 있다면 돈 벌이가 무난하다. 자기 재능을 발휘해서 돈 버는 일을 알뜰살뜰하게 한다. 합형충파해(合刑冲破害)를 당해도 기본 구조가 안정적이다. 사주에 '인성 → 비견 → 식상'으로 순행하는 사주도 무난하다. 교육이나 예술 쪽에서 자기 재능을 발휘할 수 있다. 사회적으로 통용되는 지식(인성)을 자기 주체적 힘(비견)으로 사용하여 재능이나 기술(식상)을 발휘하는 능력이다. '관성 → 인성 → 비견'으로 흐르는 사주는 사무직, 기획직, 연구직 일을 하면서 돈을 번다. 관성(직업운)은 직장에 적응하는 능력이다. 직장에 들어가서 지식(인성)을 사용하며 인간관계(비견)를 잘 하면서 돈을 번다.

비겁의 돈은 자수성가의 돈이다. 식상의 돈은 전문기술로 버는 돈이다. 재성의 돈은 영업, 장사, 사업, 투자를 해서 버는 돈이고, 관성의 돈은 조직을 도와 월급을 받는 돈이고, 인성의 돈은 자격증인 문서가 벌어들이는 돈이다. 이들 중 하나 이상이 모든 이의 사주에 들어 있다. 자기 용신을 알고 돈 버는 방법을 선택하면 돈을 무난하게 벌 수 있다. 아무 일이나 잘하는 사주가 있고, 하고 싶은 일만 하는 사주가 있고, 조직 내에서 안전하게 일하는 사주가 있다.

극하는 사주도 돈을 벌 수 있다. 극하는 사주는 에너지가 크고 활동적이다. 생하는 에너지가 순조롭다면, 극하는 에너지는 운신의 폭이 크고 넓다. 극한다고 해서 나쁜 게 아니다. 극하는 만큼 더 벌 수 있다. 극을 당할 경우에 좋은 쪽으로 발전할 가능성이 더 많다. 순리의 길을 버리고 완전히 새로운 길을 개척해서 돈을 번다. 그만큼 모험적이지만 성공했을 경우에 부자가 될 수 있다. 재성이 인성을 극할 경우에 꾀돌이가 된다. 관성이 비겁을 극할 때는 조직에 맞게 자기를 조정하고 동화시킨다. 재성(활동성)이 인성(생각)을 극하면 현실적인 돈을 쥘 수 있고, 관성(사회적 압력)이 비겁(자존심)을 극하면 회사가 원하는 일을 해주고 인센티브를 더 받을 수 있다. 인성(지식)이 식상(기술)을 극할 때는 지식 기술 산업으로 돈을 벌 수 있다. 사주에 재성이 좋다고 해서 돈을 버는 것은 아니다. 오히려 관성과 인성이 좋은 사주가 안정된 돈을 모을 수 있다. 재성의 돈은 언제 어떻게 변할지 알 수 없는 돈이다. 정재는 알뜰살뜰 모은 돈이지만, 편재는 크게 벌고 크게 잃는 돈이다. 그리고 돈을 지키고 관리하는 십성은 관성과 인성이다. 사주에 관성과 인성과 비겁이 있어야 자기 돈을 지키는 힘이 생긴다.

28. 사주를 지배하기

　행복이나 불행이 마음먹기에 달려 있지만, 마음먹기를 잘 하는 사주가 따로 있다. 사주에 편인과 편관과 식신이 발달한 사람이다. 편인은 역경 속에서 빛을 찾아내는 정신력이다. 편관은 산전수전 다 겪고 웬만한 고통쯤은 아무렇지 않게 받아들이는 능력이다. 식신은 아무리 힘들어도 긍정적인 생각을 하는 순수함이다. 편인과 식신은 타인의 인정이 중요하지 않다. 자기만족하면 그만이다. 삶의 주인은 '나'라는 확고한 의식이 있다. 그럴 경우 웬만한 불행쯤은 자기 합리화로 극복한다. 자기 자족감으로 해결한다.

　편관은 스트레스이다. 편관은 '나'를 괴롭히는 직장이며 상관이며 쌓여 있는 일거리이다. '내'가 다 책임지고 해결해야 하는 짐이다. 이런 짐을 편관은 잘 지고 간다. 산다는 게 고행이라고 생각한다. 고통 없는 삶은 없다고 생각하며 오히려 고통에 단련되어 강인한 정신력을 갖게 된다. 니체 식으로 본다면 초인이다. 삶의 희로애락을 긍정하며 불행과 좌절과 절망을 아무렇지 않게 취급한다. 편관은 또한 타인에게도 잘 하는 마음이다. 타인에게 흠 잡히지 않으려고 더 열심히 노력한다. 사주에 편인, 편관, 식신이 있는 사람은 사는 게 어렵고 힘들어도 자기만의 방법으로 헤쳐 나간다. 자기 혼자서 잘 살고, 타인의 도움 없이도 잘 산다.

식신은 자기가 하고 싶은 일을 끈질기게 한다. 솔직하고 거리낌이 없다. 식신은 힘든 상황에서도 일을 즐겁게 한다. 사회적으로 인정받는 일을 하기보다는 자기가 좋아하는 일을 하기 때문이다. 돈의 액수하고는 상관없다. 자기가 좋으면 그것으로 만족한다. 식신은 먹을 복이고, 끼이고 재능이고 기술이다. 사주에 식신이 있으면 자기 전문적인 능력이 있으며 사람들을 사랑한다. 밝고 맑게 산다.

세상에 똑 같은 사주는 수백 명이다. 우리나라만 해도 똑 같은 사주로 태어나는 사람이 백 명이 넘는다. 그 백 명이 똑같은 삶을 살지 않는다. 사주는 '나'의 자질일 뿐이지 그렇게 될 수밖에 없는 결정론이 아니다. 아무리 나쁜 사주도 개운법이 있다. 부모의 지위에 따라, 사는 지역에 따라 똑 같은 사주도 다르게 산다. 부모가 금수저인지, 흙수저인지가 타고난 사주보다 더 중요하다. 똑 같은 사주로 누구는 대통령이 되고, 누구는 노숙자가 된다. 사주는 개인의 삶처럼 환경의 영향을 강하게 받는다. 어떤 환경에 처하느냐에 따라 사주의 운명이 달라진다.

'내' 팔자가 어떻다 하는 선에서 팔자보기를 멈추어야 한다. 좋은 부모나 좋은 나라에서 태어나서 사는 게 최고의 복이다. 그러나 그렇지 못한 경우라도 자기 의지를 발휘해서 열심히 살면 된다. 일인당 국민소득이 3만 달러가 넘은 우리나라이다. 국민 개개인의 사주가 좋았기 때문에 경제성장을 한 것이다. 국가 사회적 환경이 '내' 운명을 결정한다는 것을 알아야 한다. 이런 원리를 알고 있다면 자유의지로 자기 삶을 결정하는 선택은 자기 몫이다. 팔자가 아니다. 자유의지는 사회적 환경, 분위기, 열정, 욕망, 교육이 좌우한다.

한 개인의 사주보다 국가 사회가 더 큰 운명결정자이다. '나'의 사주는 '내'가 쓸 수 있는 그릇이다. '나'에게 주어진 그릇을 세상에서 어떻게 사용할지만 알면 된다. 모든 사람에게 물질적인 오복(건강, 재능, 돈, 직업, 명예)이 주어지는 것이 아니다. 더 중요한 것은 정신적인 오복이다. 정신적인 오복은 '인복, 긍정적인 마인드, 활동적인 사회성, 타인에 대한 책임감, 사랑하는 태도'이다. 이런 정신적인 오복이 더 중요하다. 물질적인 조건이 채워졌다고 해서 그 사람이 행복한 것은 아니다. 사람은 물질보다는 정신에서 더 행복감을 느끼는 존재이다.

행복감을 느끼려면 자기만의 철학과 즐거움을 추구해야 한다. 이 두 능력은 훈련과 교육으로 길러질 수 있다. 또 사주에 편인과 식신이 있다면 이런 능력을 가질 수 있다. 불행이나 고독에 끌려 다니지 않으려면 사주에 나타난 자기 적성과 기질을 알아보면 된다.

29. 사주와 12운성

12운성은 태어나서 죽는 과정을 12단계로 나눈 이론이다.

1. 엄마의 자궁에서 잉태되는 태(胎)
2. 뱃속에서 자라는 양(養)
3. 태어나는 장생(長生)
4. 사춘기인 목욕(沐浴)
5. 결혼하는 관대(冠帶)
6. 직장생활을 하는 건록(建祿)
7. 최고의 지위에 오르는 제왕(帝旺)
8. 은퇴하는 쇠(衰)
9. 병이 드는 병(病)
10. 죽는 사(死)
11. 묻히는 묘(墓)
12. 뼈까지 흙으로 변하는 절(絶)이다.

그리고 절에서 다시 태어난다. 그것을 절처봉생(絶處逢生)이라고 한다. 절(絶)지에 생(生)이 있다는 의미이다. 12운성 중에 강한 기운은 장생, 관대, 건록, 제왕이고, 중간 기운은 목욕, 쇠, 태, 양이다. 약한 기운은 병, 사, 묘, 절이다. '장생, 목욕, 관대, 건록, 제왕, 쇠'는 활동적이며 신체적이고, '병, 사, 묘, 절, 태, 양'은 비활동적이며 정신적이다.

절(絶)은 과거와 인연을 끊고 새롭게 태어나는 기운이다. 태(胎)는 생명활동의 태동기로 임신이 되어 엄마 뱃속에서 자라는 시기이다. 안전한 내부 활동을 한다. 사주에 절, 태가 있으면 겁이 많고 조심스럽고 순진하다. 양(養)은 엄마 뱃속에서 양육 된다. 보호받으며 주는 것을 받아먹으며 잘 길러진다. 장생(長生)은 즐겁게 사는 모습이다. 순진한 어린이의 모습이다. 호기심 많고 활동성이 강하다. 꿈과 희망의 시기이다. 절(絶), 태(胎), 양(養), 장생(長生)은 사랑을 받으며 안정적으로 산다.

목욕(沐浴)은 사춘기이다. 외모에 관심을 가지고 자기정체성을 발달시킨다. 타인을 의식하는 도화살이다. 인기가 있으며 행동하는 모습이 눈에 띈다. 타인의 시선을 끈다. 관대(冠帶)는 대학생이다. 어엿한 사회인이다. 타인과 타협하거나 경쟁하면서 삶의 영역을 확보한다. 당당하게 승부한다. 경쟁의욕이 있고, 호승심과 칠전팔기의 정신이 있다. 건록(建祿)은 학업을 마치고 사회에 진출하는 시기이다. 취직하고 홀로서기를 하고 가족을 형성한다. 제왕(帝旺)은 전문 직업인이 되는 시기이다. 직장에서 승진을 하고 결재권을 쥔다. 우두머리가 된다. 개혁적이며 리더십이 뛰어나다. 검경, 군인, 법관, 의사 같은 권위적인 직업이 좋다. '목욕, 관대, 건록, 제왕'이 사주에 있으면 사회생활을 활발히 하며 확산적인 인생을 산다.

쇠(衰)는 은퇴하는 시기이다. 원로 대우를 받는다. 적극적으로 참여하기보다는 보조적으로 관망한다. 인생의 깊은 맛을 안다. 상대의 입장을 배려한다. 노련한 지혜를 갖춘 은퇴자이다. 병(病)은 주변을 정돈하는 시기이다. 병인의 마음이기에 외롭고 다정다감하다. 심신의 안정을 중요시 한다. 너그럽게 세상을 바라보며 세상사에 대해 초연하다. 사(死)는 인생을 정리하는 시기이다. 새로운 일을 벌이지 않는다. 마음을 비우고 타인의 말을 들어준다. 인생무상을 체득한 도인(道人)의 마음이다. 묘(墓)는 묘지에 들어간 모습이다. 내면을 키우는 일을 한다. 연구직이나 개발직이 좋다. 묘는 저축하고 저장하는 능력이다. 알뜰살뜰하며 근면하다. '쇠병사묘'는 주어진 현실을 받아들이고 성실하게 산다. 사무직 일이 알맞다. 타인 앞에 나서기보다는 뒤에서 은근히 실력을 발휘한다.

12운성은 순환한다. 병, 사, 묘, 절이라고 해서 나쁜 게 아니다. 눈에 띄지 않을 뿐 잘난 척 하지 않으며 실속적이다. 정신적인 이해력이나 배려심이 깊고 포용적이다. 태, 양, 장생, 목욕은 호기심으로 모든 경험을 해보려는 순진함이다. 어린이들처럼 즐겁고 재미있게 산다. 앉아 있기보다는 몸으로 행동한다. 이들의 모습은 귀엽고 예쁘다. 관대, 건록, 제왕, 쇠는 자기 모습을 확연히 드러내는 전성기이다. 자신감이 있으며 직업성이 뚜렷하다. 12운성은 고정된 기운이 아니라 매년 바뀐다. '자축인묘진사오미신유술해'가 12년마다 윤회한다. 한 기운으로 고정되어 있는 게 아니다. 어느 해는 강한 기운으로 어느 해는 약한 기운으로 움직인다. 그러면서 무르익어 간다. 나무가 꽃을 내고 열매를 맺고 결실로 떨어진 후 다시 꽃을 내듯이.

30. 10천간의 궁합

갑(甲)목 나무는 양(陽)목으로 동량지재(棟梁之材)이다. 봄나무는 병(丙)화 태양과 임(壬)수 물이 있어야 한다(甲丙壬). 가을나무는 정(丁)화 불과 경(庚)금 도끼로 베어져야 훌륭한 인재가 된다. 갑정경임(甲丁庚壬)은 서로 돕는다. 갑목 나무는 생명체이다. 불(광합성)과 물(영양분)로 자란 후 금(자르는 칼)으로 베어지면 쓰임이 아름답다.

을(乙)목 꽃은 음(陰)목이다. 꽃, 넝쿨, 바람이다. 을목은 병(丙)화를 따라 피고 진다. 태양이 인시(寅時)에 떠서 술시(戌時)에 진다. 꽃도 아침에 피어나 저녁에 진다. 꽃과 사람의 활동 시간이 같다. 사람의 활동 시간도 인시에서 술시 사이이다. 해시에서 축시는 자는 시간이다. 꽃은 태양을 가리는 신(辛)금이나 계(癸)수를 싫어한다. 신금 칼날은 꽃을 꺾으며, 계수 빗물이 너무 많으면 꽃이 죽는다. 을목 꽃은 병화 태양과 궁합이 좋다(乙丙).

병(丙)화는 양(陽)기운의 우두머리, 태양이다. 임(壬)수 물과 함께 갑목 나무를 양육하여 결실을 맺는다. 병임갑(丙壬甲)은 서로 궁합이 좋다. 계신기(癸辛己)는 병화가 싫어한다. 계수는 비라서, 신금과 기토는 구름이라서 태양의 빛을 가린다.

정(丁)화는 달빛이며 따뜻한 온기이다. 갑목 나무를 땔감으로 삼아 경금을 녹여 돈을 만든다. 정갑경(丁甲庚)이 사주에 모두 있으면 아름답다. 갑목 나무를 경금 도끼로 쪼개서 정화 불을 꺼지지 않게 한다. 을목 꽃은 정화 불을 피우지 못 한다. 을목과 정화는 목생화가 되지 못 한다. 정화는 을목 꽃보다는 갑목 나무를 재료로 불꽃을 유지한다.

무(戊)는 큰산, 안개, 노을이다. 지지에 신(申)과 진(辰)이 있으면 산에서 나무가 잘 자라게 된다. 무신(戊申)은 산속에 보물(경금)이 있는 모습이고, 무진(戊辰)는 산이 푸르른 모습(을목)이다. 천간에 병(丙)화 태양이 있으면 산에 있는 갑(甲)목 나무가 더 잘 자란다. 산에 태양이 뜨고 나무가 울창하다. 무갑병(戊甲丙)은 궁합이 좋다. 진술축미(辰戌丑未) 월의 무토는 산에 나무가 없어도 산 속에 광산이 묻혀 있을 수 있다. 돈이다.

기(己)토는 논밭, 구름, 먼지이다. 기토는 경금(쇠, 바위)을 무서워한다. 경금은 암석이라서 논밭을 돌밭으로 만든다. 식물이 자라기 어렵다. 기토는 임수와 궁합이 맞지 않는다. 임수는 기토 흙을 탁한 진흙으로 만든다. 기토 흙은 병화 태양의 기운을 받아 갑목 나무를 키우는 일을 잘한다. 기갑병(己甲丙)이 궁합이 좋다. 축미(丑未) 충(沖)이 있는 기토는 파헤쳐진 논밭이라 더 윤택하고 먹을 것이 잘 자란다. 충에 단련되어 똑똑하고 힘듦을 잘 헤쳐 나간다.

경(庚)금은 도끼, 쇠, 바위, 달이다. 갑목 나무를 재료로 해서 정화 불로 단련되면 출세한다(甲丁庚). 혹은 정화 불에 임수 물을 녹여 깨끗한 물을 만든다(丁庚壬). 경금은 무토(보호자)와 정화(단련자)와 임수(생명수)가 있으면 권력을 잡는다. 경무정임(庚戊丁壬)도 궁합이 좋다.

신(辛)금은 보석, 낫, 송곳, 서리, 구름이다. 신금은 만물의 씨앗이다. 신금은 정화에 녹아버리기에 정화를 두려워한다. 병화 태양과 경금 쇠도 싫어한다. 병화 불은 신금 보석을 녹이며, 경금에게는 자기 기운을 빼앗긴다. 임수를 만나서 맑고 깨끗하게 보호받고 자기 기운을 뽐내려 한다. 신임(辛壬)이 궁합이 좋다.

임(壬)수는 큰물, 저수지, 호수, 우박이다. 병화(광합성)가 있으면 갑목(생명체)을 잘 기른다. 물과 나무와 태양, 임갑병(壬甲丙)은 생명체를 아름답게 키운다. 임계 수는 여름에 태어나면 사람들을 시원하게 해 주기에 인기가 있다. 겨울에는 생명을 보호한다.

계(癸)수는 빗물, 안개, 서리이다. 봄여름에는 나무를 키우고, 가을에는 나무를 죽이고, 겨울에는 눈보라가 된다. 임수처럼 병화 불을 보고 갑을 나무를 키우면 좋다(癸甲丙). 임계 수는 겨울에는 눈, 서리, 우박이므로 생물을 죽이지만, 봄여름에는 환영받는다.

31. 10천간 심리와 오행의 역할

갑(甲)은 나무이다. 호기심 많고 미래지향적이다. 앞으로 나아가는 특성이 있다. 일인자가 되고 싶어 한다. 구속을 싫어해서 웬만해서는 굽히지 않는다. 추진력과 활동성이 강해서 위만 보고 자라지만 유연성이 부족하다. 을(乙)은 작은 꽃이다. 생동적이고 유연하며 섬세하다. 넝쿨처럼 상황적응력이 뛰어나서 생명력이 끈질기다. 인간의 생명의지를 상징한다. 실속적이며 현실적이다. 어떡하든 살아남으려고 노력한다.

병(丙)은 태양 불이다. 열정적이고 사리분별력이 있지만 급하고 직선적이다. 솔직담백하며 뒤끝이 없다. 용기와 자신감이 넘치고 정의롭고 의협심이 있다. 자기감정을 숨기지 못 한다. 정(丁)은 은은한 촛불이다. 사교적이고 정이 많고 따뜻하다. 배려심이 있고, 합리적이다. 화가 나면 폭발하지만 일을 올바른 방향으로 이끌려고 한다. 인간이 만든 문명과 문화를 상징한다.

무(戊)는 큰 산이다. 포용력이 있고 묵묵하게 자기 소신을 지킨다.

중립을 지키는 힘이고 공평무사하게 일처리를 한다. 고정관념이 강하고 융통성이 부족하다. 염세적인 기질도 있다. 기(己)는 논밭이다. 순박하고 자애롭다. 타인을 도우려고 한다. 현실적이고 실제적이다. 부지런하고 성실하다. 현모양처처럼 아름다운 어머니를 상징한다.

경(庚)은 큰 바위, 큰 칼이다. 결단력과 소신이 있다. 인내심과 의협심이 강하다. 강자에게 강하고 약자에게 약하다. 고집이 세지만 공익적이다. 신(辛)은 작은 칼, 보석, 만물의 씨종자이다. 예리하고 섬세하다. 경쟁심과 오기와 단호함이 있다. 자존심이 강해서 뒤끝이 있다.

임(壬)은 큰 저수지이며 바닷물이다. 균형 감각이 있고 지혜롭다. 친화력과 포용력이 있고 대범하다. 목표를 향해 끝까지 노력한다. 계(癸)는 시냇물이다. 명랑하고 사교적이다. 주변 환경에 동화되는 유연함이 있다. 비밀을 간직한다. 임계(물)는 목(나무)을 기르는 일을 한다.

목화토금수 중에 목(木)은 살아 있는 생명체이다. 인간이 태어나서 자라고 죽듯이, 나무도 태어나서 자라고 죽는다. 갑을(甲乙) 나무로 태어난 사람은 인간 생활에 잘 적응한다. 인시(오전 3시에서 5시)에 일어나서 술시(오후 7시에서 9시)에 일을 마치고, 해시에 잠이 든다. 나무나 꽃의 시간도 마찬가지이다. 목화(木火)는 확산하고 발산한다. 반면에 경신(庚辛) 금은 무생명체이다. 자연 물상이다. 적자생존, 약육강식의 논리로 산다. 자연법칙에 순응하기에 살고 죽는 일에 연연해하지 않는다. 때 되면 나타나고 사라진다. 모든 상황이 자연의 순리라고 생각한다. 일을 벌이기보다는 일을 정리한다. 갑을 목(木)이 인간적 이미지로 산다면, 경신 금(金)은 공평하게 작용하는 자연 법칙을 따른다. 경신 금(金)은 군인, 경찰의 이미지이다.

목(木)은 식상(食傷)의 기운이다. 식상은 기르고 가르친다. 교육, 설계, 기획, 디자인, 토목에 비유된다. 화(火)는 관성(官星)의 기운이다. 생물을 키우기 위해 질서를 유지한다. 관성은 환경에 동화 되거나 조절되는 자기 통제력이다. 공공성, 예절, 예술성, 방송계의 이미지이다. 목화(木火)는 유아기부터 청년기의 시기이다. 순진하게 시작하고 나아간다.

금(金)은 재성(財星)의 기운이다. 재성은 소유물을 취하는 힘이다. 사주에 금(金) 기운이 강하면 절약하고 저축한다. 지킬 것은 지키고 버릴 것은 버린다. 수(水)는 인성(印星)의 기운이다. 받아들이고 저장한다. 봄에 새싹을 낼 씨종자를 보호한다. 금수(金水)는 장년기부터 노년기의 모습이다. 생로병사의 순리를 알고 물러남의 지혜가 있으며 신중하게 일을 한다.

토(土)는 중화의 기운이다. 발산하는 목화(木火)와 수렴하는 금수(金水)를 연결한다. 비겁(比劫)의 역할이다. 비겁은 인간관계에 공감하며 이해관계를 중재한다. 경쟁자도 친구도 함께 살아야 함을 안다. 목화토금수 오행은 자연의 기본원소이다. 인간의 일생이 자연의 일부임을 나타낸다. 명리학은 인간 사회와 자연 질서를 연결하여 해석하는 학문이다.

32. 사주 해석의 다양성

　사주를 보는 방법이 가지각색이다. 음양오행, 생극제화, 형충파해, 십성, 십이운성, 십이신살, 물상으로 볼 수 있다. 사주해석은 무궁무진하다. 예를 들면 목, 화, 토, 금, 수가 몇 개인지 세어보고 각 오행의 생극제화를 읽는 것도 한 방법이다. 나무가 많으면 앞으로 밀고 나가기를 잘한다. 불이 많으면 확장하는 기운이 있으며 밝고 명랑하다. 토가 많으면 중화하는 기질이 있으며 묵직하고 신뢰가 있다. 금이 많으면 결단하는 힘을 발휘하며 의리가 있다. 물이 많으면 유연하며 생명을 키우는 근원지가 된다는 의미로 간단하게 해석할 수도 있다.
　사주해석은 백인백색이다. 북경의 나비가 어떤 태풍을 어디로 몰아올지 모르는 것과 똑 같다. 어떤 사주해석도 하나의 부분일 뿐이다. 이런 시대에 하나의 해석방법은 맞지 않는다. 목의 인자함, 불의 예의 바름, 흙의 신뢰감, 금의 의리, 물의 지혜는 누구에게나 적용된다. 이 다섯 가지 마음은 인간이 가지고 있는 본성이다. 그렇기에 어떤 사람에게도 들어 맞는다. 또한 돈과 건강, 출세도 모든 사람이 공통적으로 바라는 욕망이다. 이것도 누구에게나 적용된다.

　살면서 돈을 버는 방법이 다양하듯이 사주에서도 돈을 버는 방법이 각양각색이다. 사주에 재성이 있으면 돈에 대한 목표의식이 강하다. 현금을 손에 쥐려는 욕망이 강해서 행동력과 실천력이 좋다. 끝까지 열매를 따려는 끈질김으로 돈을 번다. 식상이 있으면 기술과 재주로 돈을 번다. 비겁이 있으면 동업구조로 돈을 벌지만 자기 독자성이 강하다. 누구에게 명령 받는 것을 싫어한다. 운동선수, 선생, 사업가, 주식투자자 등이다. 겁재는 승부욕과 경쟁력으로 돈을 번다. 인성은 공인된 자격증으로 돈을 번다. 학자, 기획, 연구, 개발 쪽에서 돈을 벌 수 있다. 편인은 천재성과 신통력이다. 관성이 있으면 직장에서 관리자로 돈을 번다. 편관은 지구력과 인내심으로 돈을 번다. 돈을 버는 방법이 다를 뿐 돈이 없는 사주는 없다.

　'관인소통'(직장에서 승진하고 직위를 받는다), '비겁 생(生) 식상'(동업자와 함께 전문적인 사업을 한다), '식상생재'(재주와 능력으로 돈을 번다), '식신 극(剋) 편관'(식신의 전문성으로 어려운 일에서 업적을 낸다), '정재 생(生) 정관'(성실함으로 직장에서 성공한다), '편관 극(剋) 겁재'(카리스마로 경쟁자를 물리친다), '인성 극 식상'(지식 능력자가 된다) 사주가 대부분이다. 사주에는 병도 있지만 약도 있다. 병만 있는 사주는 없다. 힘든 운에서 힘든 것을 해결하는 해결사가 있다. 편관 운에는 식상(전문기술과 개혁적인 아이디어)이, 겁재 운에는 편관(과감한 관리 능력)이, 상관 운에는 정인(지식과 자격증)이, 편인 운에는 편재(돈의 운용 능력)가 해결사이다. 사주는 해석자가 해석하기 나름이다. 긍정적인 해석을 할 필요가 있다.

　합형충파해로도 사주를 읽을 수 있다. 12운성과 12신살로도 해석할 수 있다. 12운성은 태어나서 죽는 과정이다. 잉태되어서(태), 양육되고(양), 자라다가(장생), 사춘기를 겪고(목욕), 성인이 된다(관대). 직업을 갖고(건록), 잘 살다가(제왕), 퇴직하고(쇠), 병이 든다(병), 죽어(사), 묻히고(묘), 세상과 인연이 끝난다(절). 12신살의 해석법도 있다. 용어만 들어도 무서운 말들이다. 겁탈당하는 겁살(劫殺), 재난을 당하는 재살(災殺), 천재지변을 겪는 천살(天殺), 땅의 재해를 당하는 지살(地殺), 연애 난(難)을 겪는 년살(年殺), 고통당하는 월살(月殺), 망신당하는 망신살(亡身殺), 전문가로 인정받는 장성살(將星殺), 편안한 반안살(攀鞍殺), 돌아다니는 역마살(驛馬殺), 여섯 가지 해를 당하는 육해살(六害殺), 종교심을 가져야 하는 화개살(華蓋殺)이다. 이렇게 무서운 의미로 해석하면 다 틀린다. 요령껏 해석해야 한다.

살면서 고통과 좌절을 겪지 않는 삶은 없다. 그래도 살아지는 게 삶이다. 사주의 부정적인 의미는 무시하고 긍정적인 의미만 가져다 쓰는 것이 좋다. 자기 긍정심리가 자아를 좋은 방향으로 이끄는 피그말리온 효과처럼.

33. 10천간의 십성 심리

갑(甲)은 나무이다. 겉은 비견, 속은 편재이다. 비견은 고집, 주관, 뚝심이 특징이다. 누구에게 지지 않는다. 나무가 위로 뻗으려는 의지와 닮아 있다. 편재는 움직임, 영역확보 의지, 돈을 활용하는 지식이다. 갑(甲)은 돈에 대한 욕망이 커서 돈 활용을 잘한다.

을(乙)은 꽃이다. 겉은 겁재이고 속은 정재이다. 꽃은 예쁨 받고 싶어 한다. 누구보다 잘나 보이고 싶어 하는 시기심과 질투심이 있다. 그 마음이 겁재이다. 강한 생존력으로 작용한다. 속마음은 정재이다. 고지식하고 알뜰살뜰하고 성실하고 근면하다. 살아남기 위해 티끌 모아 태산을 이루며 남에게 지지 않으려고 열심히 노력하는 모습이 정재이다.

병(丙)은 태양이다. 겉은 식신이고 속은 편관이다. 태양은 세상을 환하게 밝힌다. 만물을 기르려는 식신이다. 식식은 보살피고 기르는 능력이다. 편관은 명예, 희생, 유명해짐이다. 힘든 일을 도맡아 하는 책임감이 있다. 병 태양은 식신과 편관의 희생정신으로 세상을 밝힌다.

정(丁)은 촛불이다. 겉은 상관이고 속은 정관이다. 상관은 잘못된 제도와 조직을 고치려는 기질이다. 개혁하고 교육하려 한다. 교육, 영업, 이벤트 일을 잘한다. 목소리가 크며 하고 싶은 말은 꼭 한다. 정관은 명예, 직위, 성공이다. 고지식하고 보수적이다. 직장 내에서 자기 할 일을 성실하게 수행한다. 기존질서를 지키는 바른생활 사람이다. 정화는 올바른 정관을 지키고 잘못 된 경우에는 관을 고치려는 상관이 특징이다.

무(戊)는 산이다. 겉은 편재이고 속은 편인이다. 편재는 사람에게 즐거움을 준다. 활동영역이 넓다. 돈을 보아도 은행에 넣기 보다는 주식이나 부동산으로 불리고 싶어 한다. 편재의 돈은 흐르는 돈이다. 산은 돈 욕심이 많다. 속은 편인이다. 상황 판단이 빠르고 계산적이다. 조건적으로 인간관계를 맺는다. 모든 것을 의심하며 깊게 파고든다. 현실적인 기획력이 있다. 편재 편인은 돈 버는 능력이다. 산에 보물이 묻혀 있듯이 산은 돈 욕심이 있다.

기(己)는 논밭이다. 겉은 정재이고 속은 정인이다. 십천간 중 가장 착한 모습이다. 정재의 꼼꼼함과 근면함과 정인의 자상함과 너그러움을 지니고 있다. 논밭은 먹을 것의 원천이다. 정재는 알뜰살뜰함, 성실함, 정인은 사랑하는 마음, 사랑받는 마음이다. 정인은 관습과 상식을 지킨다. 기토 논밭으로 태어난 사람은 공무원, 현모양처, 회사원 일을 잘한다. 안정적이다.

경(庚)은 쇠, 바위이다. 겉은 편관, 속은 비견이다. 금 기운은 숙살지기이다. 가을에 작물을 수확하는 칼, 낫 같은 도구이다. 필요 없는 것을 잘라내는 편관의 거침없는 결정력이다. 속은 비견이라서 자기 주체성이 확실하다. 감성적인 정의를 실현하는 편관으로 사람(비견)

을 쳐내거나 자기편으로 만든다. 외강내유이다.

　신(辛)은 날카로운 칼날이다. 겉은 정관, 속은 겁재이다. 정관은 원리 원칙이다. 겁재는 경쟁심과 승부욕이다. 냉정하게 자를 건 자르고 일인자(겁재)가 되고 싶어 한다. 정관은 합리적, 이성적이다. 겁재는 승부욕이다. 정관의 바른 생활을 실천하는 외유내강이다. 씨종자라서 독립성이 강하고 자기만의 세계가 뚜렷하다.

　임(壬)은 저수지의 물이다. 겉은 편인이고, 속은 식신이다. 물은 생명을 기른다. 식신의 마음이다. 편인은 눈치 빠름, 상황에 대한 의심, 조건적인 지식, 예리한 판단력이다. 물은 편인의 지혜로 사람들을 널리 이롭게 한다. 휴머니즘의 마음이다. 철학자이다.

　계(癸)는 이슬이다. 겉은 정인, 속은 상관이다. 정인은 사람들을 널리 사랑하고 사람들에게 사랑 받는다. 상관은 잘못 된 제도나 관습을 비판하고 고치려는 심리이다. 정인의 자상함으로 부조리한 상황을 고치는(상관) 교육자이다. 이렇게 십성은 각각이 겉과 속에 다른 심리를 가지고 있다. 자기가 어느 천간으로 태어났는지 알아보면 자기의 고유한 기질을 알 수 있다.

34. 세운 해석하기

　세운은 한 해의 운이다. 어떤 세운이 들어오는가에 따라 한 해가 달라진다. 비견운은 의지력과 독립심이 생기고 귀인의 도움이 있다. 겁재운은 행동력이 커지고 승부욕과 추진력이 생긴다. 하지만 돈에 관련된 일은 조심해야 한다. 식신운은 사업 확장을 하며 새로운 일을 시작한다. 재주와 재능을 펼칠 수 있으며 의식주가 풍족해진다. 상관운은 총명해지고 문화예술 쪽으로 업적을 낼 수 있다. 하지만 구설수를 조심해야 한다. 정재운은 성실하게 규칙적인 생활을 하며 신용을 중시하고 착실하게 돈을 번다. 편재운은 활동적으로 움직이며 풍류를 즐기며 투자할 곳에 투자한다. 정관운은 월급이 오르거나 승진한다. 편관운은 진취적으로 일처리를 하며 의협심이 길러지고 통솔력을 발휘한다. 건강운은 불리하다. 정인운은 새로운 공부를 하며 명예로운 일이 생긴다. 편인운은 임기응변 능력이 길러지고 새로운 철학을 배우고 명예로운 일이 생긴다. 하지만 건강운은 불리하다.
　어떤 운이 들어오느냐에 따라 한 해의 운수가 달라진다. 좋은 운이

들어오면 한 해가 순조롭게 흘러간다. 관인상생, 식상생재, 재생관, 비겁생 식상, 인성생 비겁 운은 순조롭다. 꼬이던 일이 해결되고, 자기가 하고 싶은 일이 무난하게 진행된다. 합격하고, 승진하고, 자격증을 취득하고, 취업하고, 결혼할 수 있다. 살면서 겪는 생로병사가 무탈하게 해결된다.

힘든 운도 있지만 개운법은 다 있다. 겁재운에는 돈 조심을 해야 한다. 겁재는 돈을 빼앗기는 운이다. 돈 나갈 일이 생긴다. 그럴 때는 일을 하거나(식신), 자기를 단속하는 것(편관)이 좋다. 사주에 식신과 편관이 있으면 겁재 운에 돈을 날리지 않고 잘 지나갈 수 있다.

상관이 정관을 치는 운도 조심해야 한다. 상관은 자기 기준에서 자기 생각을 직설적으로 표출하는 십성이다. 특히 정관(기존질서)에 대항한다. 다행이 상관의 지적(指摘)으로 정관이 자기 잘못을 고치면 무난하게 지나갈 수 있다. 그러나 정관은 기존 시스템이고 강력한 조직 질서라서 웬만해서는 쓰러지지 않는다. 이럴 때 사주에 정인이 있으면 정관을 보호하고 상관을 규제하면서 일을 더 좋은 쪽으로 진행시킬 수 있다. 정인은 합리적인 지식이다. 정인은 상관의 거친 언어를 적절하게 다듬을 수 있다. 정인이 상관을 제압하면 정관도 더 좋아질 수 있다.

편인이 식신을 치는 해도 조심해야 한다. 편인은 생각이 많고 행동력이 약하다. 무엇을 해도 안 될 거라고 부정적으로 생각한다. 이런 편인이 생산적인 식신을 억압하면 하던 일이 중단된다. 먹을 복인 식신을 편인이 엎어 버리기에 건강에도 불리하게 작용한다. 이럴 때 겁재가 있으면 좋다. 겁재가 있으면 생각만 하는 편인이 활동하기 시작한다. 겁재는 승부욕망이기에 편인의 아이디어를 가지고 식신으로 표현해낼 수 있다. 식신을 움직여서 좋은 결과를 낼 수 있다. 편인운에는 사주에 겁재가 있으면 무난하게 지나간다.

재생살 운에 조금 힘들다. 재성(돈) 때문에 힘들다. 살(殺)은 편관이다. 편관은 힘듦이고 어려움이다. 편관은 직접 '내' 몸과 마음을 아프게 한다. 인성의 지식과 비겁의 인간관계가 도움이 될 수 있다. 이런 운에는 건강관리도 잘해야 하고, 돈 욕심도 내지 말아야 한다. 비겁은 편관의 어려움을 받아내고 재성을 적절히 제압할 수 있다.

입묘운도 조심해야 한다. 질병에 시달릴 수 있고, 마음의 기운이 저하된다. 우울증이나 자격지심이나 자기 피해의식이 생길 수 있다. 그럴 때는 마음공부를 해야 한다. 그리고 미래를 대비해서 자격증 공부를 하거나 세속적인 욕심을 버리는 연습을 해야 한다.

좋은 해는 좋게 살고, 나쁜 해도 조금 힘들게 살면 된다. 사람살이가 평생 순조로울 수는 없다. 어려운 운이 들어오면 나름대로 해결책이 있다. 더 열심히 살거나, 욕심을 줄이거나, 혹은 건강관리를 하면서 미래 대비를 하는 것도 개운법이다. 살려고 하는 사람은 살게 되어 있다.

35. 사주와 연월일시의 의미

'연주, 월주, 일주, 시주' 네 기둥이 사주이다. 사주에서 연월일시는 각각의 의미가 있다. 연주는 태어난 해이다. 연주의 의미는 국가, 외국, 조상, 전생이다. 월주는 부모 형제이다. 월주는 '나'의 사회성이고 '나'에게 주어진 생활공간이다. 일주는 '나'와 배우자의 모습이다. 시주는 '내'자식의 모습이며 '내' 노후의 모습이다.

연주에 비견이나 겁재가 있으면 '내'가 사는 환경이 경쟁사회이다. 비견 겁재는 '나'와 같은 사람들이다. '나'와 같은 사람들이 연주에 있기에 그 사람들과 경쟁하거나 협력하면서 살아야 한다. 초년에 친구들과 어울리면서 경쟁이 치열한 삶을 살게 된다. 연주에 식신이 있으면 재주와 재능을 타고난다. 상관이 있으면 언변이 좋고 반항적인 기질로 태어난다. 재성이 있으면 끝까지 노력하는 기질이 있다. 지배력도 있고 일찍 돈 욕심을 갖게 된다. 연주에 정관이 있으면 어렸을 때 규율을 잘 지키고, 어른 말을 잘 듣는다. 편관이 있으면 정신적으로 힘들게 살지만 열심히 노력하며 타인에게 인정받는다. 책임감이 강하다. 인성이 있으면 머리가 좋다. 공부를 잘한다. 연주에 어떤 십성이 있느냐에 따라 '내'가 처한 어린 시절의 환경을 알 수 있다. 연주에 정관, 정인, 식신, 재성이 있으면 '내'가 처한 사회적 환경이 순하다. 고생하지 않고 어린 시절을 보낼 수 있다. 연주에 편관, 편인, 상관, 겁재가 있으면 조금 고생한다. 자라면서 시련을 겪어야 한다. 사회적 상황도 '내' 편이 아니다. 이럴 경우 일찍 철든다.

월주는 '내' 부모이며 '내' 직업성이다. 월주도 '내'가 어떻게 할 수 없다. '내'가 부모를 선택해서 태어날 수 없듯이 월주도 '나'보다 상전이다. 월주가 정관, 정인, 식신, 재성이면 편안하다. 큰 고생을 하지 않고 무난하게 살아간다. 정관이면 어른 말을 잘 들으며 자기 관리를 잘한다. 정인이면 주어진 학업에서 성과를 낸다. 식신이면 사람들을 사랑하며 자기가 하고 싶은 일을 한다. 재성이면 돈이 부족하지 않게 살 수 있다. 반면에 월주가 편관, 편인, 상관, 겁재이면 사는 일이 스트레스이다. 뭐든 '내' 마음대로 되지 않고, '내'가 수동적으로 조절되고 통제된다. '나'는 갈등하며 성장한다. 결과가 좋을 경우 정신적으로 훌륭한 사람이 된다. 자기 철학도 있고, 주체성도 강하게 형성된다. 환경에 휘둘리다 보면 이해심이 넓어지고, 삶의 다양성을 인정하게 된다. 융통성이 좋아지고 유연한 사고(思考)를 할 수 있다.

일주는 '내'가 태어난 날이다. '내'가 능동적으로 사용할 수 있다. '내' 의지가 적용된다. 일주에 식신이 있다면 전문가가 될 수 있다. 식신은 재주, 기술, 재능, 표현력이다. '내'가 하고 싶은 일을 하면서 산다. 상관이라면 교육, 기자, 언론, 예능, 연예, 교수 일을 할 수 있다. 먹고 사는 데 지장이 없다. 식신과 상관은 '나'의 전문성이며 재능이다. 정재, 편재가 있다면 활동적으로 일하면서 돈을 번다. 정재, 편재는 포기하지 않고 끝까지 도전하는 성실함이다. '내'가 살 수 있는 공간을 확보한다. 정관이 있으면 조직이나 관직에서 일한다. 편관도 관직에서 일하지만 경찰, 군인, 사법, 입법 일에 알맞다. 인성이면 공부를 한다. 학자, 연구원, 기획자 일을 잘한다. 부동산에 대한 욕심도 많다. 비겁이면 사람들과 동업을 하거나 개인사업을 한다.

시주는 '나'의 미래이며, '내' 자식의 모습이다. 사주를 모르는 사람도 시(時)가 좋아야 인생이 좋다는 말을 많이 들었을 것이다. 그처럼 시는 '내' 노후의 모습을 보여준다. 일주와 시주에 좋은 십성이 오면 말년이 편안할 수 있다. 연월주가 힘들어서 초년이나 중년 고생을 했어도, 일시주가 편안하면 말년에 복을 누린다. 반면에 일시주(日時柱)에 힘든 십성이 배치되고 연월주가 편안하면 초년의 삶이 무난하다. 그러나 말년에 고생할 수 있기 때문에 청년기에 노후대비를 해야 한다. 시주에 '관인상생'이나 '식신생재'나 '재생관'이나 '비겁생 식상'이 배치되어 있으면 '내' 인생도 편안하고, 자식도 잘 되고, 건강한 노후를 보낼 수 있다.

36. 공부 못 하는 사주 없다

공부를 못하고 잘하고는 노력의 결과이다. 아무리 머리가 나빠도 몇 십 번 반복하면 이치를 터득할 수 있다. 그 몇 십 번의 노력을 하느냐 하지 않느냐에 공부의 차이가 있지, 공부 못하는 사주는 없다.

사주에 인성이 있으면 공부를 잘 할 수 있다. 인성은 공부, 어머니, 자격증, 학력이다. 인성은 진득하니 앉아서 공부의 이치를 터득하는 기질이다. 인성이 있으면 그 사람은 적어도 선생님, 잘 되면 교수, 연구원이 된다. 학문적인 깊이를 탐구하는 정신력이 있다. 인성이 사주에서 형충파해(刑沖破害) 당하지 않으면 공부하는 분야에서 성공할 수 있다. 흙수저의 자식으로 태어났어도 사회에 나와서 두뇌로 인정받을 수 있다. 사회가 필요로 하는 지식을 정확하게 습득할 수 있고, 그 지식으로 돈을 벌 수 있다.

사주에 비견과 겁재가 있어도 공부를 잘한다. 비겁은 목표의식을 뚜렷하게 세운다. '내' 자존심이고 독립심이다. 공부가 필요하면 반드시 공부한다. 밀고 나가는 추진력이 강하기에 좌절하지 않고 끝까지 노력한다. 비겁은 겉으로 졌어도, 속으로는 언젠가는 이기겠다는 경쟁심리이다. 자기 앞에 주어진 책임감만은 완수하려고 한다. 실패했을 때도 비겁이 있으면 다시 일어날 수 있다. 그런 승부욕이 공부 쪽으로 방향전환을 하면 공부를 잘 할 수 있다. 또한 비겁은 재성을 제압하는 힘이다. 재성은 결과물이고 열매이다. 비겁이 있어야 끝을 볼 수 있다. 그런 심리로 공부 쪽에서도 성과를 낼 수 있다.

사주에 식신이 있어도 공부를 잘한다. 식신은 문창귀인이다. 문창귀인은 공부하는 신이다. 식신은 '내'가 알고 있는 지식을 바깥으로 표현하는 재능이고 끼이다. 식신은 또한 글을 운용하는 능력이다. 글자를 활용하고 의미의 핵심을 파악하는 언어능력이다. 식신이 공부를 하면 누구보다 빠르게 성과를 낼 수도 있다. 응용력이 강하고 실전에서 금세 써 먹을 수 있는 공부를 한다. 사주가 '인성 → 비겁 → 식신'으로 구성되어 있다면 교육자이거나 교육 쪽에서 일을 잘한다. 배우고 가르치는 일에서 전문가이다.

사주에 격이 좋은 사람도 공부를 잘한다. 격은 '내' 월지의 지장간(地藏干) 글자가 천간(天干)에 투출되었을 경우를 의미한다. '내' 지지(地支) 글자 중 어느 글자가 천간에 떠 있으면 그 사주의 격이 결정된다. 격이 완전하게 투출되어 있는 사람은 그 기질의 특성을 발휘할 수 있다. 지지의 힘을 받은 천간은 자기 역할을 분명히 하기에 격이 확실한 사람은 한 가지 분야에서 전문가가 된다. 어떤 십성이든 자기 역할을 분명히 한다.

사주에서 금수(金水) 기운이 목화(木火) 기운보다 공부를 더 열심히 할 수 있다. 목화는 바깥으로 확산하며 뻗는 기운이고 활동성이 강하다. 가만히 앉아 있기보다는 움직인다. 공부는 진득하니 앉아 있어야 실력이 느는데, 목화 기운은 발산성이 강해서 가만히 있지를 못한다. 반면에 금수 기운은 응축되고, 정리하고, 저장하는 기운이다. 금수는 한 자리에 앉아 열매를 갈무리하고 가지런히 저축하는 기운이다. 금수 기운이 좋으면 공부를 해도 손해 볼 게 없다.

공부는 누구나 할 수 있는 것이고 국민의 의무이다. 우리나라는 이제 고등학교까지 국가가 의무적으로 교육시켜 준다. 자기가 노력만 한다면 공부에서 성과를 낼 수 있다. 자기가 노력을 하지 않아서 성적이 좋지 않을 뿐이지, 공부 못하는 사주는 없다. 공부를 안 해서 공부에 취미가 없을 뿐이다. 그런 사람은 기술이나 재능 쪽의 머리가 발달할 수 있다. 배우고 습득하는 것은 인간의 능력이고 본능이다. 자기가 좋아하는 분야의 공부를 하면 된다. 학교공부가 싫으면 기술 공부를 하면 된다. 요즘은 직업의 귀천이 없기에 자기 재능에 따라 어느 것이라도 배울 수 있다. 돈 없는 사주 없듯이 공부 못하는 사주도 없다.

37. 10천간의 물상

'갑을병정무기경신임계'가 10천간이다. 각각은 자연의 이미지를 가지고 있다. 갑(甲)은 비견, 편재이다. 우두머리이다. 인체로 치면 머리이다. 생명의 근원이다. 건물을 세울 때 위로 올라가는 모습이다. 우리나라는 갑(甲)이다. 일본은 을(乙), 중국은 무(戊), 미국은 신(申)이다. 우리나라는 해가 떠오르는 동쪽의 나라이다. 위로 쭉 뻗는 나무이다. 산소, 에너지, 연료이고, 생기, 발랄, 희망, 활력, 어린이, 시작의 이미지이다. 천둥, 우레, 바람도 갑이다. 갑은 지지로 인(寅), 호랑이이다. 호랑이는 산신령, 단군왕검이다.

을(乙)은 겁재, 정재이다. 살아 있는 생명체이다. 꽃이 피고 지는 것처럼 사람은 식물의 시간을 살고 있다. 을은 갑이 있으면 살기 좋다. 큰 나무인 갑을 타고 꽃줄기가 올라갈 수 있다. 을은 끈질긴 생명력이다. 을은 환경에서 살아남아야 하기에 현실적이고 실리적이다. 을은 문구, 종이, 화훼, 섬유, 옷의 이미지이다. 식물은 지표면에서 광합성을 하기에 병(丙)인 태양이 꼭 필요하다.

병(丙)은 식신, 편관이다. 태양 빛이고 만물을 키우는 수장이다. 교육, 보험, 인문학이다. 펼치는 힘이 화려하다. 문명, 과학, 방송, 전파, 연예인, 역마의 이미지이다. 자연의 냉철함으로 세상을 비춘다. 신의 위치에 있기에 인간적인 정에 휘둘리지 않는다. 길안내자로서 불빛을 비추는 역할을 하며 시간의 흐름에 따라 어김없이 사계절을 순환하고 있다.

정(丁)은 상관, 정관이다. 빛과 열기이다. 문명, 과학, 에너지이다. 전기, 달빛, 열정의 이미지이다. 인간적이며 정신세계의 안내자이다. 옳고 그름을 따져서 바로 잡으려고 한다. 촛불이 타듯이 마음이 타는 모습이기도 하다.

무(戊)는 편재, 편인이다. 우뚝 솟은 산이다. 정치를 잘한다. 사색적이고 실리적이다. 비즈니스 중개자, 집을 보호하는 지붕, 다스리는 기질, 지배하는 보호자, 돈을 지키는 힘, 여행 이미지이다. 편인 기질이 있기에 정인보다 사회생활을 더 잘 하고 비밀이 있다. 적당한 거리를 가지고 중용의 위치에서 세상을 다스리려고 한다.

기(己)는 정재, 정인이다. 어머니처럼 다정하고 살림을 알뜰하게 한다. 추수한 곡식을 보존하고, 지키는 본능이 있다. 속이 깊으며 경제적으로 행동한다. 무토(戊土)가 자연의 중재자라면 기토(己土)는 인간의 중재자이다. 혈관, 근육을 담당하고 씨종자를 보존한다. 하늘에서는 흰 구름이다.

경(庚)은 편관, 비견이다. 경찰이다. 과일열매이며 뼈, 쇠, 돌, 단단한 물건이다. 마무리 하는 힘이며 통일성의 본능이 있다. 갑을(甲乙)이 생산하고, 병정(丙丁)이 발산하고, 경신(庚辛)이 수확하고, 임계(壬癸)는 저장한다. 경(庚)은 씨종자 신(辛)를 만든다. 씨종자는 다음 해에 땅에 심을 곡식의 씨앗이다. 경제의 근원이다. 만물을 단단하게 여물게 하려면 병화가 필요하다.

신(辛)은 씨종자이다. 정관 겁재의 마음이다. 모든 상황을 올바르게 하려는 욕망이 있다. 완전하게 몸을 완성하고, 정신세계를 간직한 모습이다. 잘 숙성된 씨앗의 모습이다. 서리, 눈이다. 산호, 골수도 된다. 딱딱한 완성품은 모두 신(辛)의 모습이다. 완숙된 과일이며 효소이다.

임(임)은 물이다. 편인, 식신의 마음이 있다. 지하수이며 정신적인 지혜이다. 봄, 여름, 가을 동안 경험한 모든 지식과 지혜가 모인 저장소이다. 도인의 모습이다. 잠재성이 무궁무진하다. 먹구름, 저기압, 수초, 자궁, 임신, 대뇌, 명상의 이미지이다.

계(癸)는 정인, 상관의 마음이다. 지상의 물이다. 수증기가 오르고 이슬로 내리는 모습이다. 나무를 키우는 게 의무이다. 만물의 생기를 촉진한다. 진달래, 옹달샘이다. 운동성이 활발하다. 산소, 공기, 하늘의 기운이다. 아지랑이, 고기압, 솔직함, 교육 이미지도 계수이다.

38. 12지지의 물상

 '자축인묘진사오미신유술해(子丑寅卯辰巳午未申酉戌亥)'가 12지지이다.

 자(子)는 쥐이다. 밤 11시 반에서 1시 반이다. 아주 고요한 시간이다. 사람들이 잠을 자는 시간이다. 어둠의 세계이다. 명리학에서 어둠의 시간은 정신세계이다. 정신영역이 발달한다. 사주에 자(子)가 있으면 정신적이며 고요하며 비밀이 있다. 봄을 기다리며 조용히 언 물 속에서 흐르고 있다. 지하수맥이다. 자연의 씨종자로서 정자, 난자이다. 만물을 시작하는 기운이다. 쥐처럼 부지런하지만 밤이라서 현실성이 부족하다. 깨어있는 독학자이다.

 축(丑)은 소이다. 새벽 1시 반에서 3시 반 사이의 깜깜한 어둠이다. 귀신의 세계이다. 저축, 압축, 지축의 의미이다. 숨겨진 세계이다. 봄을 열고 인간 세계의 시작을 열려고 하는 시간이다. 온갖 영혼의 집결지이다. 겨울을 닫고 봄을 열려고 하는 희망이 있다. 사유축 금(金)운동을 마무리 하고, 봄의 문을 여는 의미 '축생인(丑生寅)'이다. 겨울이 봄을 생한다.

　인(寅)은 호랑이이다. 봄의 시작이다. 새벽 3시 반에서 5시 반이다. 절기로는 입춘이다. 사람이 깨어나는 시간이다. 산신령, 단군, 대한민국, 어린이를 나타낸다. 시작하는 기운이기에 직선적으로 뻗어나가고 위로 솟는다. 전파, 디자인, 옷, 방송의 이미지이다.

　묘(卯)는 토끼이다. 아침 5시 반에서 7시 반이다. 사람들이 일터로 가는 시간이다. 바쁘다. 아침 햇볕(丙火)을 받는 시간이다. 아침 이슬, 디자인, 꽃집, 인테리어, 등의 물상이다. 지상에서 활기를 띄는 모습이다. 어린이, 인문학, 외유내강, 붓, 공부, 책, 옷, 미용의 물상이다. 뻗어 나가는 모습이다. 봄의 절정기이다.

　진(辰)은 용이다. 변화무쌍이다. 아침 7시 반에서 9시 반이다. 일터에 출근해서 하루 일을 시작한 모습이다. 청소년기이다. 봄 동산, 화려함, 편의점, 잡화, 디자인, 피부, 외모의 물상이다. 용처럼 어떻게 변화할지 모른다. 온갖 욕망이 모여 있다. 신자진(申子辰) 운동을 마무리하고, 여름을 연다 '진생사(辰生巳)'이다. 봄이 여름을 생한다. 나비, 벌, 유혹, 수정, 버라이어티의 이미지이다.

　사(巳)는 뱀이다. 오전 9시 반에서 11시 반이다. 뱀의 혀가 두 갈래이듯이 이중적이다. 처세적이고 교활하다. 빛, 전파, 화려함, 빠름, 소리, 화학, 가스, 비즈니스, 항공, 여행, 조명, 무역의 물상이다. 오전이라 활동성이 강하다. 온갖 물상이 때를 만난 듯 화려하게 펼쳐진다.

　오(午)는 말이다. 오전 11시 반에서 오후 1시 반이다. 가장 활동적인 시기이다. 태양도 이때가 정점이다. 말처럼 힘 센 마력의 기운으로 활동한다. 사(巳)시의 태양빛이 오(午)시가 되면 뜨거운 열로 변한다. 땅이 부글부글 끓는다. 말이 날뛰면 무섭듯이 한번 화나면 무서운 이미지로 변한다. 폭발성, 폭력성, 비밀 없음, 밝힘, 변화가, 화려한 곳, 엔진, 동력, 단전, 연예인, 유명인, 문명의 물상이다.

미(未)는 양이다. 오후 1시 반부터 3시 반이다. 열심히 일하는 시간이다. 일이 쌓여 있지만 마무리도 해야 하는 시간이다. 사화(巳火)가 도시의 거리라면 오화(午火)는 가장 화려한 곳, 미토(未土)는 가장 복잡한 도시의 모습이다. 진미술축 토 중 가장 완성된 토이다. 미각이 좋다. 피부 건조, 큰 들녘, 초원, 변화가, 조경, 꽃, 열매, 무성한 초목, 당뇨의 물상이다. 아닐 미(未)의 의미처럼 하루를 마무리 하지 못하는 이미지이다.

신(申)은 원숭이이다. 오후 3시 반에서 5시 반이다. 퇴근 준비를 하는 시간이다. 여름을 끝내고 가을을 연다. 입추이다. 열매를 단단하게 하며 햇볕을 받아 곡식을 무르익게 한다. 낮 동안은 덥지만 한 밤중은 서늘하다. 이중적이다. 손오공의 재주이다. 까불고 덤비다가 다치면서 깨닫는 과정을 반복한다.

유(酉)는 닭이다. 오후 5시 반에서 7시 반이다. 퇴근 시간이다. 일을 끝내고 집으로 가는 마음이다. 낮 동안 노력의 결과물인 씨종자를 거둔 물상이다. 익은 벼가 고개를 숙이듯이 겸손하다. 과일이 단단하게 씨앗을 맺은 모습이다. 차분하고 정신적인 세계가 열리는 경지이다. 낮 동안의 화려함을 닫는 시간이다. 인생의 노년기로 접어드는 모습이다. 행동이 노련하다.

술(戌)은 개다. 오후 7시 반에서 9시 반이다. 잠이 드는 시간이다. 늦가을이고 하루를 반성하는 시간이다. 물길, 학교, 교회, 절, 법당, 북두칠성이 뜨는 곳, 하늘의 문이 열리는 곳, 명상의 물상이다. 도인의 길이다. 앉아서 천리를 보는 사람이다. 마무리를 하고 자연의 시간에 순종한다.

해(亥)는 돼지이다. 밤 9시 반에서 11시 반이다. 잠을 자는 시간이다. 지혜가 쌓여 대뇌에 저장된다. 지혜의 물상이다. 북극성, 공(空), 제사 지내는 시간, 귀신이 오는 시간, 정신의 물상이다. 이 시간에 몸과 마음을 고요히 하여 지적으로 충만한 세계로 들어간다.

39. 대운 해석

명리학의 꽃은 십성이다. 십성에는 육친이 있다. 육친은 사람 관계이다. 정인은 엄마, 편인은 계모, 비견은 친구, 겁재는 경쟁자, 식신과 상관은 자식, 정재는 아내, 편재는 아버지, 정관은 남편, 편관은 애인이다. 사주에 정인이 좋으면 엄마 복이 있고, 편재가 좋으면 아버지 복이 있다. 사주에 식신과 상관이 좋으면 여자에게는 자식 복이 있고, 정관과 편관이 좋으면 남자에게는 자식 복이 있다.

해마다 운이 바뀐다. 운이 바뀌면 십성도 바뀐다. 대운이 정인운이면 공부를 하거나 문서를 쥔다. 식상운이면 새로운 일을 한다. 재성운이면 돈을 벌 수 있다. 정관운이면 승진을 하거나 명예를 얻는다. 편관운일 경우에는 스트레스가 있거나 아플 일이 있다. 비겁운이면 돈 나갈 일이 생긴다. 이런 식으로 해마다 운이 바뀌고, 대운은 십 년 주기로 바뀐다.

크게 보아 대운은 계절이다. 봄, 여름, 가을, 겨울의 흐름이다. 각각이 10년 주기이기에 총 30년간 같은 계절을 산다. 사주가 겨울에 태어나서 얼어 있으면, 대운이 봄, 여름으로 흐르면 중화가 되어서 좋다. 사주가 여름에 태어나서 불 타고 있는 상황이면, 대운이 가을, 겨울로 흐르면 좋다. 살면서 한 번 일이 비틀어지면 기본 10년은 고생한다. 대운 10년간 같은 기운이기 때문이다. '내' 사주가 편관격이고 재성이 중중할 때, 대운에서 식신이나 겁재나 인성운이 오면 잘 풀릴 수 있다. 편관은 '나'를 힘들게 하는 일이며 사람이다. 재성은 힘들게 하는 일과 사람을 더 부추겨서 '나'를 아프게 하는 역할을 한다. 이럴 때 편관을 제압하는 식신이 있으면 좋다. 식신은 편관의 힘듦을 해결하는 해결사이다. 실력과 전문성으로 편관의 어려움을 해결한다. 겁재도 편관을 도울 수 있다. 편관의 힘듦을 주변의 지인이 함께 해결해주며 도와주게 된다. 인성도 있으면 편관의 힘듦을 지식으로 업그레이드해서 해결할 수 있다. 사주에는 병도 있고 약도 있다. 개운법이 항상 있다. 그러니까 우리나라가 사람들이 노력만 한다면 더 발전하고 더 편안한 생활을 하는 쪽으로 움직이고 있는 것이다.

대운에서 편인운이 오면 조심해야 한다. 편인은 식신을 도식(徒食)한다. 편인은 놀고 먹으면서 아무 일도 하기 싫어한다. 의심하는 마음이고 불안증세이다. 식신은 열심히 활동하려는 행동력이다. 식신은 '내' 밥그릇이다. 편인은 그 밥그릇을 엎어 버린다. 그래서 편인운에는 아플 수 있다. 우울하고 살맛도 밥맛도 없어진다. 이럴 때는 겁재가 있어서 편인을 다스릴 수 있다. 편인은 아이디어만 많이 있는 기획자이다. 편인의 아이디어를 몸인 겁재가 받아 들여서 식신의 행동력으로 무언가를 생산할 수 있다. 또한 편재가 있으면 편인은 돈을 좋아하기에 더 열심히 자기 아이디어를 상품화 할 수 있다.

사주도 좋고, 대운도 좋다면 그 사람은 세속 생활에서 행복하게 살 수 있다. 태어난 일간이 '을(乙), 병(丙), 무(戊), 경(庚), 계(癸)'이면 양권(陽圈)의 생활을 잘한다. 인간적인 욕심을 내면서 산다. 아침에 일어나서 저녁에 퇴근하고 밤에 잠을 잔다. 반면에 일간이 '갑(甲), 정(丁), 기(己), 신(辛), 임(壬)'이면 음권(陰圈)의 생활을 잘한다. 양권의 생활은 바깥 생활이고 활동적인 생활이고 눈에 보이는 세계이다. 음권의 생활은 내면생활이고 성찰의 시간을 좋아하고 눈에 안 보이는 세계에서 마음의 평온을 누린다. 태어난 일간에 따라서도 대운이 다르게 작용한다. 대운이 양권의 대운으로 들어오면 그 시기에는 바깥 활동을 활발하게 한다. 집에 있지 못 한다. 바깥에서 돈 벌이에 열심이고, 자기가 하는 일의 결과가 좋게 나오도록 노력한다. 대운이 음권으로 들어오면 그 때는 정신세계를 넓히며 인생의 의미를 생각한다. 돈이 많다고 인생이 좋은 것도 아니다. 돈보다는 건강이, 건강보다는 즐김을 즐길 줄 아는 능력이 더 중요할 수 있다.

40. 사주를 좋게 사용한다

나쁜 사주는 없다. 사주가 나빠서 힘든 게 아니다. 자기 관리를 못해서 힘들게 산다. 사주해석은 긍정과 부정이 함께 있다. 사주에서 나쁘게 해석되는 십성이 있다. 겁재(재물을 빼앗김), 상관(직업을 그만둠), 편관(긴장과 불안 스트레스), 편인(밥그릇을 뒤엎음)이다. 이런 십성도 장점으로 쓰일 때가 많다. 겁재는 경쟁력과 불굴의 의지로 작용한다. 싸움에서 이기려고 자기가 굴복해야 할 때는 굴복한다. 자기 내면을 통제하면서 언젠가는 이기려는 와신상담(臥薪嘗膽)의 심리이다. 겁재 운이 들어올 때 욕심내서 과감하게 투자하는 일만 조심하면 된다. 특히 돈 관리를 잘 해야 한다. 사주에 비겁이 많고 식상이 있으면 사람들하고 모여서 제조업이나 기획사 일을 하면 좋다. 큰 조직에 들어가서 연구원, 학자, 정치가, 봉사직 등의 일을 하면 좋다.

상관의 좋은 점은 잘못된 제도나 구조를 고치는 정의감으로 작용된다. 올바르지 않는 구조를 고치려는 의협심이다. 개혁 운동가나 약자를 위해 일하는 정치인의 모습이다. 상관이 있어야 겁 없이 큰소리

치며 행동한다. 부조리와 부정의에 대항한다. 평등과 자유정신을 실현하는 혁명가가 될 수 있다. 입바른 말을 하며 기존질서의 부당함을 알린다. 상관운에 관재수를 피하려면 말조심을 하거나 싸움을 하지 말아야 한다. 상관은 또한 돈 되는 일이라면 아첨과 아부도 할 수 있는 능력이다. 좋은 쪽으로 활용하면 상관도 나쁠 게 없다. 자기관리를 철저히 하면, 상관은 사회에 약삭빠르게 적응하는 재능이 될 수 있다. 상관은 더 나은 세상을 만드는데 꼭 필요한 의협심이다.

편관은 비견과 겁재를 누르는 강력한 힘이다. 혹은 '나'의 고집이나 주관성을 억누르는 힘이다. 그럴 경우 스트레스와 피해의식과 자책감으로 괴로울 수 있다. 그러나 장점은 일이 잘 되는 것이다. '나'의 이기심을 죽였기 때문에 일이 잘 풀릴 수 있고, 유명해질 수도 있다. 바깥의 힘든 상황을 온몸으로 견디다 보면 좌절과 절망에 저항력이 생기고 조직을 이끄는 수장이 될 수 있다. 편관은 조직에 속한 개개인의 고집을 다스리는 능력이다. 사주에 관성이 있어야 조직 속에서 자기 자리를 확보할 수 있다. 힘든 조직에서 '내' 위치를 점유하려면 조직에 조절당하거나 순응해야 한다. 검경이나 군인이나 세무나 금융 쪽의 일을 잘한다. 정치가도 편관이다. 조직에 동화되면서 자기 위치를 찾는다. 편관은 상황이 어려울수록 강하게 인내심이 발휘된다. 고통과 시련을 다스린다. 편관운이 오면 스트레스성 신경증을 조심해야 한다. 마인드 컨트롤을 하면 좋다. 그리고 사주에 관성이 있어야 돈을 보호하고 관리할 수 있다.

편인은 도식이다. 밥그릇을 엎어버린다는 의미이다. 편인은 식신과 상관을 제압한다. 식신은 먹을 복이고 상관은 표현능력이다. 밥을 벌려고 노력하기보다는 빈둥거리며 자기 생각에 빠진 철학자처럼 행동한다. 생각이 복잡해서 자기표현도 솔직하게 하지 않는다. 상황을 보고 속으로 판단만 하지 입 밖으로 내지 않는다. 그렇게 하는 이유는 상황이 예상한 대로 움직이지 않을 것이라는 의심이 있기 때문이다. 일이 잘 되어도 걱정하고, 일이 잘못 되어도 걱정하는 것이 편인이다. 편인은 더 알고 더 배워야 지식이 확실해진다면서 일은 안 하고 계속 배우기만 할 수 있다. 장점은 어느 한 분야에서 전문가가 될 수 있다는 것이다. 편인운이 오면 건강을 조심해야 한다. 사람이 먹어야 건강하게 사는데 편인운에는 입맛도 떨어지고 몸무게가 빠져서 아플 수 있다. 편인운에는 골고루 잘 먹어야겠다는 마음가짐을 가져야 한다. 그리고 공부를 하고 있다면 식상운이 올 때 그 공부를 써 먹을 수 있다.

사람살이가 다 비슷하다. 대부분의 소원은 돈과 자아실현과 건강이다. 돈은 '내' 마음대로 할 수 없는 물질이지만, 자아실현이나 건강은 자기 관리에 달려 있다. 겁재, 상관, 편관, 편인은 남을 이겨보려는 심리에서 발생과는 과도한 에너지이기에 마음 관리를 잘하면 좋은쪽으로 해결된다.

'내'가 어떤 유형의 사주인지를 알아보면 직업을 구할 때
도움이 된다. 나쁜 사주는 없다.
모든 사주는 '내' 의지에 따라 좋게 변할 수 있다.

part 3

마인드 컨트롤

41. 사주, 갑(甲) 일주론

 갑(甲)은 처음, 시작, 우두머리, 생명의 뿌리, 생명의 기운, 산속의 큰 나무, 활력, 움직이는 근본 힘, 산소, 공기, 생기, 희망, 건축, 깃발, 우리나라, 연료, 머리, 간, 척추, 뼈대 등의 물상이다. 생명의 시작이고 근원이고 근본이다. 천간 열 자 중, 제일 첫 번째이다. 우두머리이고 지도자이고 나머지 글자를 이끄는 수장이고 움직임을 시작하는 기운이다. 갑은 비견 편재의 심리이다. 비견은 평등 의식이고 편재는 지배력이다. 갑 일주는 갑오(甲午), 갑신(甲申), 갑술(甲戌), 갑자(甲子), 갑인(甲寅), 갑진(甲辰)이 있다. 양간 천간 갑병무경임(甲丙戊庚壬)은 지지 인오술(寅午戌), 신자진(申子辰)과 결합한다. 인오술은 여름을 만드는 삼합이고, 신자진은 겨울을 만드는 삼합이다. 불(여름)과 물(겨울)이 만나서 나무(봄)와 금(가을)을 만든다.
 갑오(甲午)일주 십성은 상관이며, 십이운성은 사지이며, 십이신살은 육해살이다. 상관은 사회적 약속인 정관을 치며, 고리타분한 규율을 새롭게 고치려는 기질이다. 교육이고, 언어운용능력이고, 반항기질이고, 생각을 밖으로 표출하는 적극성이다. 갑오 상관은 사지(死地)에 있기에 표가 날 정도로 의견을 세게 내지 않는다. 사지는 죽은 기운이다. 오(午)달은 양력 유월(6월 6일 망종에서 7월 7일 소서까지)이다. 나무가 유월이면 자라기를 멈춘다. 신살로는 육해살이다. 육해살은 마음이 아프고 우울하다. 저승사자라고도 한다. 물질적 욕심보다는 정신세계에서 자기만족을 추구한다.

　갑신(甲申)일주 십성은 편관이고, 십이운성은 절지이고, 십이신살은 겁살이다. 편관은 '나'를 힘들게 하는 사람이고 일이다. 힘든 사람과 살며 힘든 일을 수행하는 능력이다. 고생하지만 결국에는 명예를 얻는다. '내'가 책임지는 삶의 짐이 무겁다. 절지(切地)는 무극이며, 무생명의 공간이다. 영혼적인 세계이다. 드러나는 생활이기보다는 보이지 않는 공간에서 조용히 산다. 신(申)의 지장간 무임경(戊壬庚)이 편재, 편인, 편관이라 힘들고 외롭다. 겁살은 적장(賊將)이다. 항상 해결해야 할 문젯거리가 눈앞에 놓인다. 스트레스를 받는 일주이기에 신경통, 두통이 있다. 그래도 힘듦을 이겨내는 편관이 있어서 당당하고 멋지게 산다. 어려움을 이겨내고 유명인사가 될 수도 있다. 바위 위에 우뚝 솟은 소나무 같은 모습이다.

　갑술(甲戌)일주 십성은 편재이고, 십이운성은 양지이고, 십이신살은 천살이다. 편재는 지배력, 활동력, 현금 운용능력, 사업성이다. '내' 고집대로 하는 욕망이다. 일도 열심히 하고 돈도 잘 쓴다. 돈을 쓸 때 뒷일을 생각하지 않는다. 사고 싶은 물건이 있으면 사고 본다. 잘 벌 때는 좋지만, 불경기일 때는 돈이 없다. 양지는 엄마 뱃속에서 보호받으며 느긋하게 자라는 모습이다. 천살은 저승세계의 염라대왕이다. '내'가 어떻게 할 수 없는 윗사람을 모시고 산다. 그 사람의 말을 잘 들어야 한다. 갑술일주는 돈도 많이 벌어 쓰기도 하지만, 엄마 뱃속에 갇혀 있어 크게 활동적이지는 않다. 하늘은 섬겨야 하기에 정신적으로 산다. 그래서 갑술일주를 산속의 산신령이라고 한다.

갑자(甲子)일주 십성은 정인, 십이운성은 목욕, 십이신살은 연살(도화살)이다. 정인은 공부, 책, 학문, 교육이다. 목욕은 꾸미기, 장식하기, 사치이다. 도화살은 인기살이다. 갑자일주는 공부를 좋아하지만, 자기 몸을 꾸미고 아름답게 만드는 사치도 좋아한다. 학자, 교육계에 알맞다. 정인은 인덕이다. 사회생활을 할 때 도와주는 조력자가 많다.

갑인(甲寅)일주 십성은 비견, 십이운성은 건록, 십이신살은 망신살이다. 비견과 건록은 같은 의미이다. 자기 주체성과 고집이고, 신체가 건강하다. 하고자 하는 일은 꼭 한다. 가족이나 배우자보다는 바깥의 친구를 좋아한다. 갑인은 뿌리가 튼튼한 소나무이다. 인월(2월 4일 입춘부터 3월 5일 경칩 사이)의 나무는 쑥쑥 큰다. 우리나라를 상징한다. 망신살은 자기를 나타내려고 하다가 엉뚱한 실수를 해서 망신당하는 살이지만 귀엽고 봐 줄만 하다. 연예인은 거의 망신살이 있어야 이름 날 수 있다.

갑진(甲辰)일주 십성은 편재, 십이운성은 쇠지, 십이신살은 반안살, 백호살이다. 나무가 진월(4월 4일 청명부터 5월 5일 입하까지)이면 뿌리가 아주 건강하다. 갑 일주 중에 갑진이 가장 건강한 나무이다. 백호살이다. 백호살은 성격이 세다. 수술수도 있다. 쇠지라서 황금기를 지나고 장년기에 접어든 삶의 모습이다. 노련하다. 쓴맛단맛을 모두 알고 있다. 경험지식이 풍부하다. 융통성이 있고, 느긋하며, 노후에 쓸 재산도 있다. 반안살은 편안하고 푹신한 말안장에 올라앉아 세상을 유람할 수 있는 살이다. 장군, 지도자, 시험합격, 승진, 목적 달성 등의 좋은 의미가 있다. 갑일주 중에서 갑진 일주가 편안하고 순하게 사는 편이다.

42. 사주, 을(乙) 일주론

 을은 묘목, 잎사귀, 생명체, 사람, 낙엽, 복숭아, 미용, 조경의 이미지이다. 을은 태양과 함께 운동한다. 아침에 피어나서 저녁에 진다. 사람도 아침에 출근하고 저녁에 퇴근한다. 그래서 을은 사람이고 생명체이고 지상의 시간이라서 인오술(寅午戌) 운동을 한다. 인시(오전 3시 반에서 5시 반)에 일어나서 오시(오전 11시 반에서 오후 1시 반)에 점심을 먹고 술시(오후 7시 반에서 9시 반)에 퇴근을 한다. 을(乙)은 겁재 정재의 심리이다. 겁재는 경쟁력이고 정재는 꼼꼼함이다. 을 일간은 사유축(巳酉丑), 해묘미(亥卯未)와 만난다. 음간 을정기신계(乙丁己辛癸)는 사유축, 해묘미와 만난다. 사유축은 가을의 시작과 끝이고, 해묘미는 봄의 시작과 끝이다.
 을사(乙巳) 일주 십성은 상관, 십이운성은 목욕, 십이신살은 망신살이다. 을사는 화려한 꽃뱀이다. 상관은 정관을 고치려는 교육기질이 있다. 사(巳)의 지장간이 무경병(戊庚丙)이다. 정재, 정관, 상관이다. 재생관이 있기에 성실하게 노력하며 지위를 얻고, 상관견관 하기에 고치고 개혁하는 일도 잘한다. 목욕지라서 멋을 잘 내고 꾸미기를 잘한다. 망신살은 자기 몸을 아름답게 드러내거나 혹은 자기 잘난 맛에 어떤 일을 했다가 부끄러움을 느끼는 행위이다. 연예인 기질도 망신살이다. 을사 일주는 외모가 매력적이다.

을묘(乙卯) 일주 십성은 비견, 십이운성은 건록, 십이신살은 장성살이다. 생명체가 완성되어 세상 밖으로 나온 모습이다. 3월(卯月)에 피어난 모든 생명체나 식물의 모습이다. 작고 아름답고 귀여운 묘목이다. 봄날의 산토끼이다. 비견과 건록은 자립성, 독립성, 주체성이다. 장성살은 자기가 일 하고 있는 분야에서 능력자로 인정받는다. 직업성이 뚜렷하다. 고집 있게 자기 길을 간다.

을축(乙丑) 일주 십성은 편재, 십이운성은 쇠지, 십이신살은 천살이다. 편재는 돈 버는 능력이다. 지배력도 있고, 역마성도 있어서 여기저기 돌아다닌다. 고집이 있어서 평가나 판단을 잘한다. 쇠지는 인생의 노년기이다. 청년과 장년기를 경험한 노련한 영혼을 가지고 있다. 느긋하며 서두르지 않는다. 1월(1월 6일 소한부터 2월 4일 입춘까지)의 땅에 뿌리를 둔 식물이기에 봄이 오기를 기다린다. 인내심이 강하다. 살아남기 위해 조심스럽게 생각하고 작게 움직인다. 천살은 하늘의 옥황상제이다. 천살은 '내'가 거역할 수 없는 윗사람이고 상사이다. 그의 말을 들어야 한다. '내'가 만나는 사람과 세상이 '내'가 모셔야 하는 상전이다. 겸손하고 인내하는 마음이 있다.

을해(乙亥) 일주 십성은 정인, 십이운성은 사지, 십이신살은 겁살이다. 정인은 자애롭고 인덕이 있고 공부하기를 좋아한다. 사지는 죽어 있는 기운이다. 활동적이기보다는 움직임을 적게 하며 정신세계를 연구하고 개발한다. 겁살은 적장과 갈등하고 있는 상황이다. 주변에

'나'의 적들이 있다. 그래서 신경이 예민하고 겁이 많고 자기 기운을 억누르고 있다. 11월(11월 7일 입동부터 12월 7일 대설까지)에 다 떨어진 나뭇잎의 이미지이다. 그래도 내면은 해(亥)의 지장간(戊甲壬)에 갑(甲)이 장생하고 있어서 기댈 언덕이 있다.

을유(乙酉) 일주 십성은 편관, 십이운성은 절지, 십이신살은 육해살이다. 편관은 '내'가 책임져야 하는 힘든 일이나 사람이다. 편관은 힘든 일을 해내는 인내력이다. 몸이 고달프다. 그러나 결국에는 일에서 업적을 성취하여 자기 분야에서 이름을 날릴 수 있다. 절지는 무극이다. 음극도 양극도 아닌 물질계이다. 고요한 물속에서 생명의 기운이 움을 트는 상황이다. 무극이 움직여야 태극이 생긴다. 육해살은 한 많은 귀신, 저승사자이다. 물질적이기보다는 정신적이다. 돈보다는 영혼의 평화를 중요하게 생각한다. 단풍나무, 바위에 핀 난초 이미지이다.

을미(乙未) 일주 십성은 편재, 십이운성은 양지, 십이신살은 반안살, 백호살이다. 편재는 돈 버는 활동력이다. 사고 싶은 물건이 많아서 열심히 벌고 쓴다. 양지는 엄마 뱃속에서 느긋하게 보호받고 있는 모습이다. 빚을 지면 엄마가 갚아줄 수 있다. 반안살은 노력한 것에 비해 거두어들이는 수익이 더 크다. 큰 노력 없이도 무난하게 살 수 있다. 반안살은 상복이며 승진복이다. 한여름에 태양빛을 견디면서 활짝 핀 장미꽃 이미지이다. 그러나 백호살(白虎殺)이기에 수술수나 사고수가 있을 수 있다.

을(乙) 일간은 생명력이 강하다. 활동적이고 밝고 환하다. 작고 예쁜 넝쿨이며 꽃이다. 식물이 지구에서 사라지지 않듯이 생명력도 사라지지 않는다.

43. 사주, 병(丙) 일주론

 병(丙), 태양은 만물의 수장이다. 양권의 대장이고 자연의 빛이고, 인문학이다. 하늘에서 공평무사하게 빛을 쏘고 있다. 하늘의 독수리, 땅의 뱀이다. 화려하고 환하다. 식신(주는 사랑)과 편관(강력한 지도자)의 이미지이다. 과학, 방송, 전파, 연예인, IT, 통신, 역마, 자연의 순리, 평등함의 물상이다. 인간적 인정보다는 자연의 순환과 순리를 따른다. 신체로는 심장이다.

 병 일주에는 병인(丙寅), 병진(丙辰), 병오(丙午), 병신(丙申), 병술(丙戌), 병자(丙子)가 있다. 병인(丙寅) 일주 십성은 편인, 십이운성은 장생, 십이신살은 지살이다. 편인은 부정적으로 생각하며 모든 것을 의심하고 계산한다. 무슨 일을 시작할 때 무턱대고 시작하지 않는다. 장생은 어린이처럼 행동하고 사고한다. 순진하다. 편인 장생은 꾀돌이이고 귀엽고 조심스럽다. 사람들에게 사랑 받는다. 지살은 여기저기 돌아다니는 기질이다. 널리 해외로 돌아다니기보다는 국내를 돌아다닌다. 병인 일주는 문창성이기에 공부를 잘 할 수 있다. 인(寅)

의 지장간 무병갑(戊丙甲)이 천간 병(丙)의 불이 꺼지지 않게 돕고 있다. 식신, 비견, 편인이다. 자기 나름의 재주와 재능이 있으며 밝고 명랑하게 산다.

병진(丙辰) 일주 십성은 식신, 십이운성은 관대, 십이신살은 월살이다. 식신은 전문가적인 능력이고 한 분야에서 인정받는다. 관대는 자존심이 강한 청소년기질이다. 겁 없이 도전하고, 하고 싶은 일에 매진한다. 미래를 생각하지 않고 반항하기도 한다. 아침에 막 떠오른 태양의 모습이다. 월살은 고초살(枯草殺)이다. 초목이 말라 고통당하는 모습이다. 식신의 자신감으로 열심히 밀고 나가다가 장애물을 만날 수 있다. 그러나 진(辰)의 지장간 을계무(乙癸戊)가 관인 상생을 하기에 매사 조심해서 행동하기도 한다. 어른들의 충고를 들으면, 잘 자라서 한 분야의 전문가가 될 수 있다.

병오(丙午) 일주 십성은 양인, 십이운성은 제왕, 십이신살은 장성살, 양인살이다. 힘이 세다. 한여름에 쨍쨍 내려 쬐는 한낮의 태양빛이다. 장군, 운동선수, 교육자, 정치인, 검경(檢警)의 이미지이다. 양인은 몸매가 아름답고 건강하다. 제왕은 자기 직업에서 능력을 최고로 발휘하는 모습이다. 장성살도 직업이 확실하다. 병오 일주는 힘이 세고 전형적인 남성 이미지이다. 한 분야에서 전문가 소리를 듣는다. 양인살은 수술수와 사고수가 있을 수 있다.

병신(丙申) 일주 십성은 편재, 십이운성은 병지, 십이신살은 역마살이다. 편재는 사업가이다. 여행을 좋아하고 공간지배력이 강하다. 편재는 돈을 벌기 위해 부지런히 돌아다니며 돈을 잘 쓰고 잘 벌기도 한다. 돈의 크기도 큰 편이다. 투자 욕망도 강하다. 병지는 아픈 모습이다. 몸과 마음의 기력이 저하되어 있다. 긍정적으로 작용할 경우에 의

사, 간호사 등 병원에서 일할 수 있다. 아픈 사람의 마음을 잘 헤아려 주는 다정함이 있다. 기운을 너무 빼지 않도록 몸보신을 해야 한다. 신(申)의 지장간 무임경(戊壬庚)이 재생살을 해서 몸이 고달프기도 하지만, 식신제살을 해서 어려움을 해결하는 능력도 있다.

　병술(丙戌) 일주 십성은 식신, 십이운성은 묘지, 십이신살은 화개살, 백호살이다. 식신은 주는 사랑이다. 식신은 전문적 능력이며 자기 자존심이다. 자기 분야에서 뛰어난 재주꾼이다. 묘지는 무덤 속에서 사는 모습이다. 저축을 잘 하며 부지런하고 일을 쉬지 않는다. 사무직 직원이 알맞다. 건물 안에서 일을 한다. 화개살은 종교적인 마음이다. 사람들을 이해하고 배려한다. 반복적인 일을 좋아한다. 인간의 감성을 예술적으로 표현할 수 있는 능력도 화개살이다. 병술은 백호살이기에 수술수나 사고수가 있으니 행동을 조심해야 한다.

　병자(丙子) 일주 십성은 정관, 십이운성은 태지, 십이신살은 재살이다. 정관은 올바르게 살려는 마음이고, 사회 질서와 화합하며 자기를 통제하는 인내심이다. 공무원, 회사원이다. 태지는 이제 막 엄마 뱃속에 잉태된 모습이다. 언제 떨어질지 모르기에 겁이 많고 불안하다. 살아남기 위해 나름대로 조심한다. 재살은 '나'를 감시하는 적병(敵兵)과 함께 살아야 하는 상황이다. 사는 게 순조롭지 않다. 노심초사하며 안절부절한다. 월급 생활을 하는 게 좋다. 한 밤중의 태양이기에 사람들 눈에는 보이지 않는다.

　병(丙)은 식신과 편관의 마음이다. 만물에게 태양빛을 선물하여 생명체들을 키운다. 편관적 기질이 있어서 힘든 일도 마다하지 않고 한다. 책임감이 무거운 장군이며 카리스마 기질이 있다. 병 일주로 태어난 사람은 돈보다는 정신세계를 추구하는 것이 편하다.

44. 사주, 정(丁) 일주론

정(丁)은 촛불, 별, 달, 전깃불, 부엉이, 기러기, 올빼미, 통신의 물상이다. 신체로는 심장이다. 촛불이 타듯이 인간의 욕망이 타고 있는 모습이다. 자연의 열매가 익어가게 은근히 타오르고 있는 온기이다. 또한 문명을 시작한 계기가 된 불의 발견 같은 '불'이다. 십성으로는 상관, 정관의 기질이 있다. 상관은 고치려는 기질이고, 정관은 기존 질서에서 올바르게 살려고 하는 모습이다. 상관정관이기에 불합리한 질서라면 더 좋게 고치면서 문명이나 문화를 발달시킨다. 음간(陰干) 정은 지지 해묘미(亥卯未), 사유축(巳酉丑)과 결합한다. 해묘미는 봄 운동을 하고, 사유축은 가을 운동을 한다. 정유, 정미, 정사, 정묘, 정축, 정해가 있다.

정유(丁酉) 일주 십성은 편재, 십이운성은 장생, 십이신살은 장성살이다. 편재는 사물과 돈을 다루는 능력이다. 고집과 지배력이 강하고 움직임이 커서 여기저기 돌아다니며 돈을 번다. 장생은 보호 받으면서 귀엽게 자란다. 인상이 편하고 좋다. 장성살은 한 직업에서 성공하는 능력이다. 정유 일주는 천을귀인이라서 인덕이 있고 보이지 않는 조력자가 있다. 육십갑자 중에 일귀격(일주가 천을귀인)이 있는데 정유, 정해, 계사, 계묘 일주이다. 천을 귀인은 모든 일을 좋게 이끌어가는 신(神)이다. 어려운 상황을 순조롭게 헤쳐 나가게 한다.

정미(丁未) 일주 십성은 식신, 십이운성은 관대, 십이신살은 월살이다. 음간 관대는 양인살이다. 식신은 자기 표현능력이고 자존심이고 실력이다. 관대는 청소년 기질로서 시작하는 것을 두려워하지 않고 도전정신이 강하다. 양인이기에 자립심, 독립심, 자수성가, 자기 고집이 강하다. 월살은 고초살, 장벽살이라고 한다. 힘든 상황을 스스로 이겨내는 정신력이 있다.

정사(丁巳) 일주 십성은 겁재, 십이운성은 제왕, 십이신살은 지살이다. 겁재는 경쟁심, 승부욕, 끈질김, 신체 건강이다. 제왕은 인생에서 최고의 황금기이다. 성장할 대로 성장한 모습이다. 열심히 노력했다면 정상 위치에 오를 수 있다. 지살은 시작, 홍보, 광고하는 움직임이다. 무언가를 새로 시작하려는 희망의 마음이다. 어떤 일에서든 지기 싫어서 열심히 노력하는 일주이다. 사(巳)의 지장간 무경병(戊庚丙)이 상관생재 하기에 돈복이 좋다.

정묘(丁卯) 일주 십성은 편인, 십이운성은 병지, 십이신살은 재살이다. 편인은 의심하고 부정적으로 생각하는 심리이다. 병지는 몸과 마음이 아픈 상태이다. 병이 든 상태이기에 외롭고 정이 많다. 재살은 적병과 대립하며 사는 모습이다. 인생의 난관이 자주 발생한다. 그래서 괴롭고 불안하고 힘들다. 신을 붙잡고 기도하며 마음을 다스려야 한다. 좋게 풀리면 마음이 아픈 사람을 위로할 수 있는 심리 상담가가 될 수 있고, 몸이 병든 사람을 고쳐주는 의사가 될 수 있다. 철학가도 될 수 있다.

  정축(丁丑) 일주 십성은 식신, 십이운성은 묘지, 십이신살은 화개살, 백호살이다. 식신은 먹고 살 수 있는 실력이고 기술이고, 바깥으로 자기를 표현하는 능력이다. 먹을 복이고 수명복이다. 묘지는 동굴 속에 갇힌 모습이다. 그 안에서 먹고 살기에 절약 정신이 강하고, 부지런하다. 바깥 생활에서 활발하게 활동할 체력은 없다. 식신이 있기에 한 장소에서 한 가지를 연구하는 학자나 연구원의 모습이다. 화개살은 종교심이며 한 가지 일을 반복 숙달한다. 백호살은 수술수나 사고수이니 조심해야 한다. 정축은 재고(財庫)라서 부자가 될 수 있다.

  정해(丁亥) 일주 십성은 정관, 십이운성은 태지, 십이신살은 역마살이다. 정관은 올바름이다. 조직에 순응적이라서 월급쟁이가 좋다. 태지는 엄마 뱃속에 막 잉태된 모습이다. 떨어지지 않으려고 조심하며 겁이 많고 소심하다. 역마살은 여기저기 돌아다니는 살이다. 해(亥)의 지장간에 무갑임(戊甲壬)이 있어서 관인상생하는 일주이다. 고지식하고, 보수적이며, 원리 원칙적이다. 천을귀인이라서 하는 일이 힘들 때 보이지 않는 조력자가 있다.

  정(丁) 일간은 생명을 키우고 문명을 발달시키고, 학문을 주도한다. 인간이 불을 발명한 후부터 자연을 서서히 지배하기 시작했다. 그런 의미의 불이 '정'이다. 정 일주는 무언가를 발명하고 물질적인 부를 이끄는 일간이다. 갑을(甲乙)의 생명을 병화 태양으로 키우고, 정화 불로 숙성시킨다. 생명체에게 온기를 유지시키는 불이 정화이다.

45. 사주, 무 일주론

무(戊)는 지상의 모든 산이고 땅이고 지구이다. 지붕, 집, 아버지, 생명을 키우는 흙의 근원, 코, 털, 피부의 물상이다. 무는 십성으로 편재, 편인이다. 편재는 육친으로 아버지이다. 만물을 기르기 위해 돈을 벌고 일을 한다는 의미이다. 편재는 돌아다니면서 먹이를 구해 오고, 공간을 지배하고, 즐거움을 추구한다. 편인은 계산하는 두뇌이다. 줄 때 주고, 받을 때 받는 합리적 인간관계를 맺는다. 산은 편재로 생명을 먹여 살리려고 노력하지만, 편인처럼 조건적인 사랑을 한다. 무토는 인오술, 해자축과 만난다. 무인, 무진, 무오, 무신, 무술, 무자를 이룬다.

무인(戊寅) 일주 십성은 편관, 십이운성은 장생, 십이신살은 지살이다. 편관은 무서움을 모른다. 장군의 모습이다. 스트레스를 이겨내는 기운이다. 장생은 어린이의 모습이다. 귀엽고 사랑스럽다. 편관이라서 강해 보일 수 있지만 속은 순진하다. 지살은 시작, 기획, 홍보의 능력이다. 무인 일주는 어려운 일이 닥쳤을 때 무인의 기질로 역경을 헤쳐 나갈 수 있다.

무진(戊辰) 일주 십성은 비견, 십이운성은 관대, 십이신살은 월살, 괴강살, 백호살이다. 비견은 동료끼리 잘 지내려는 마음이다. 독립적이고 자립적이며 평등한 인간관계를 맺는다. 관대는 청소년의 모습이다. 무서움 없이 자기가 하고 싶은 일을 추진한다. 월살은 마음이 힘들다. 가뭄에 말라버린 초목의 모습이다. 비견, 관대의 힘으로 어떤 일을 시도했다가 좌절 할 수 있다. 시작은 잘 하지만, 끝을 맺지 못할 수 있다. 신중하게 생각하고 행동해야 한다. 백호살과 괴강살은 성격이 강하고 우두머리 기질이 있다. 사고수와 수술수가 있을 수 있다.

무오(戊午) 일주 십성은 정인, 십이운성은 제왕, 십이신살은 장성살, 양인살이다. 정인은 공부하는 머리이다. 합리적이고 올바르게 어른 말을 잘 들으며 사회에 적응한다. 제왕은 전성기의 모습으로 사회에서 뚜렷하게 자기 직업을 가질 수 있다. 장성살도 한 가지 분야에서 최고가 될 수 있는 자부심이다. 양인살은 양 손에 칼을 쥔 모습이다. 무오일주는 최고가 될 수도 있지만, 세게 나갔다가 일이 틀어져 버릴 수 있다. 삶이 자기 마음대로 펼쳐지지 않을 경우에 화병에 걸릴 수 있다. 햇볕이 쨍쨍 내리쬐는 산이다. 비가 와서 흙이 촉촉해지기를 기다린다.

무신(戊申) 일주 십성은 식신, 십이운성은 병지, 십이신살은 역마살이다. 식신은 열심히 일 하는 능력이고, 자기 재능이고 기술이다. 어디를 가도 먹고 살 수 있다. 병지는 아픈 마음이다. 식신으로 열심히 일하면서 자식을 다 키운 후에 몸과 마음이 아픈 모습이다. 세상 경험을 다 했기에 사람을 잘 이해한다. 너그럽고 다정한 심리가 있다. 역마살은 여기저기 돌아다니면서 돈을 버는 모습이다. 신(申)의 지장간에 무임경(戊壬庚)이 식신생재를 하기에 부지런하고 돈 버는 일을 열심히 한다.

　무술(戊戌) 일주 십성은 비견, 십이운성은 묘지, 십이신살은 화개살, 괴강살이다. 비견은 사람들과 잘 지내는 동료 심리이다. 독립적이고 자립적이며 자기 힘으로 세상을 살려고 한다. 묘지는 죽어서 땅 속에 묻힌 모습이다. 신체적으로는 힘이 없다. 그러나 묘지에 살기에 알뜰살뜰하고 부지런하며 저축을 잘한다. 아껴야 살기 때문에 절약정신이 있다. 화개살은 종교심이다. 세상과 사람을 이해하려는 마음이다. 술(戌)의 지장간 신정무(辛丁戊)가 상관패인을 해서 똑똑할 수 있다. 괴강살은 우두머리가 되려는 자신감이다. 교육자, 기획 연구가, 등 정신적이고 지적인 일에 알맞다.

　무자(戊子) 일주 십성은 정재, 십이운성은 태지, 십이신살은 재살이다. 정재는 세심하고 알뜰하고 꼼꼼하고 올바르다. 원리 원칙적으로 인간관계를 맺는다. 정재는 고정적으로 들어오는 월급이다. 태지는 엄마 뱃속에 잉태된 생명체이다. 보호받으며 살지만 언제 떨어질지 모르기에 불안하고 겁이 많고 소심하다. 재살은 '내'가 싸워서 이겨야 할 갈등상황이다. 무자 일주는 돈 벌기에 바쁠 수 있다. 공무원, 회사원 일을 하면 순조롭게 살 수 있다. 무토 일주는 생명체를 기르면서 자기 철학을 가질 수 있는 천간이다.

46. 사주, 기 일주론

기(己)토는 논밭, 어머니, 흰 구름, 온기 있는 흙, 근육, 자궁 등의 물상이다. 십성으로는 정재, 정인이다. 정재는 알뜰살뜰하게 저축하며 살림 잘하는 십성이고, 정인은 자식을 사랑하는 어머니의 모습이다. 정재는 경제적 능력이고 정인은 공부 잘하는 머리이기도 하다. 기토는 생물을 길러내는 토양이기에 현모양처의 이미지가 강하다. 좋은 아내와 좋은 엄마의 모습이다. 기토는 식물을 기르고, 사람을 먹이는 농토의 근원이기에 괴강살이나 백호살이 없다. 순하다. 음간이라서 사유축, 해묘미를 지지로 만난다. 기유, 기미, 기사, 기묘, 기축, 기해 일주가 된다.

기유(己酉) 일주 십성은 식신, 십이운성은 장생, 십이신살은 장성살이다. 식신는 먹고사는 능력이다. 사주에 식신이 있는 사람은 일을 할 수 있는 기술과 먹고 살 수 있는 수단이 있다. 장생은 어린이 마음이다. 어린이는 잠자고 싶을 때 자고 놀고 싶을 때 논다. 자기가 하고 싶은 일을 하며 산다. 식신 장생은 즐겁게 일하며 인간관계를 순하게 맺고 산다. 장성살은 한 분야에서 전문가가 되는 직업성이다. 직업이 뚜렷하다. 기유일주는 가을 논밭으로 먹을 것이 풍부하다.

기미(己未) 일주 십성은 비견, 십이운성은 관대, 십이신살은 월살, 양인이다. 생명체가 살 수 없는 사막의 흙이다. 미(未)의 지장간 정을기(丁乙己)가 편인, 편관이다. 편인은 눈치보고 편관은 어려움을 해결하는 힘이다. 꾀를 내서 눈치 보며 어려운 상황을 이겨내는 마음이다. 수행자의 모습이다. 마음이 고달프다. 비견은 자립성이고, 관대는 청소년의 투지이고, 월살은 장벽을 넘어야 하는 상황이다. 양인은 남에게 지지 않으려는 성향이다. 기미 일주는 힘든 상황을 이겨내기 위해서 스스로 강해질 수밖에 없다. 정신세계에서 뚜렷한 자기 철학을 가질 수 있다.

기사(己巳) 일주 십성은 정인, 십이운성은 제왕, 십이신살은 지살이다. 정인은 사람들에게 사랑받는다. 공부를 잘 할 수 있는 머리이다. 제왕은 한 분야에서 자기 일을 훌륭하게 해낸다. 인생의 전성기이다. 삶을 살아내는 힘이 세다. 지살은 막 시작하는 마음이다. 돌아다니며 기획하고 광고하고 자기를 선전한다. 사(巳)의 지장간 무경병(戊庚丙)이 상관패인(傷官佩印)을 한다. 튀는 상관을 똑똑한 정인이 다스리는 모습이다. 교육자, 언론인, 방송인, 교수가 어울린다.

기묘(己卯) 일주 십성은 편관, 십이운성은 병지, 십이신살은 재살이다. 편관은 타인을 배려해서 자기 욕망을 통제하는 능력이다. 예의 바르다. 남에게 폐 끼치는 일을 하기 싫어한다. 예민하고 자존심이 세다. 명예욕이 강하고 의협심이 있다. 병지는 마음이 아프다. 체력도 약하다. 인생의 노년기에 접어든 모습이다. 경험이 풍부하고 노련하다. 재살은 적의 포로가 된 심리이다. 갇혀 있다는 느낌이다. 기묘 일주는 스트레스가 많다. 묘판에서 묘목을 길러내는 어머니의 고달픈 모습이다. 마음을 편하게 하는 연습을 해야 한다.

기축(己丑) 일주 십성은 비견, 십이운성은 묘지, 십이신살은 화개살이다. 축축한 흙이다. 곧 땅에서 생명체가 솟아오르기 직전의 모습이다. 비견은 자기 독립성이고 사람들과 잘 지내려는 공감력이다. 묘지는 동굴 속에 사는 모습이다. 사람이 죽어서 묘지에 묻힌 모습이다. 신체적 활동보다는 정신적 활동을 하는 직업을 갖게 된다. 묘지에서 살기 때문에 부지런하고 알뜰살뜰하다. 화개살은 철학자의 마음이다. 자기 성격을 죽이고 마음의 도를 닦는 모습이다.

기해(己亥) 일주 십성은 정재, 십이운성은 태지, 십이신살은 역마살이다. 정재는 세심하고 성실하고 절약하고 저축한다. 태지는 막 잉태된 모습이라서 모험을 하지 않고, 불안한 마음으로 엄마 뱃속에 잘 붙어 있으려고 한다. 그러나 역마살이 있기에 활동적인 기질도 있다. 해(亥)의 지장간에 무갑임(戊甲壬)이 있어서, 재생관(財生官)을 한다. 공무원, 회사원, 교육자, 외교관 등의 직업이 알맞다. 물이 풍부한 땅이라서 생명체의 기운이 활발히 일어나고 있다. 갑(甲)이 해(亥)에서 장생하는 모습이다. 활동적인 기운이 꿈틀거리는 땅이다.

47. 사주, 경 일주론

　경금(庚金)은 하늘에서는 별, 땅에서는 딱딱한 과일 열매, 땅속의 금, 바위, 돌이다. 병화(丙火) 태양이 여름 내내 수고해서 만든 가을 열매이다. 종소리, 마무리 기운, 뼈, 치아, 폐, 대장이고, 경찰, 검찰의 이미지이다. 갑(甲)이 생명체의 대표라면 금(金)은 무생명체의 대표이다. 갑이 인간계의 대표라면, 금은 자연계의 대표이다. 경은 십성으로 편관과 비견이다. 편관은 무거운 책임을 완수하는 장군의 모습이다. 비견은 사람들과 잘 지내려는 모습이다. 기계문명이 발달한 현대사회에서는 경금이 병화 없이도 잘 살 수 있다. 농경시대 때는 경금이 식물의 열매라서 꼭 병화가 있어야 했지만, 현대 사회에서 경금은 병화 없이도 인위적인 불로 잘 녹여서 사용할 수 있다. 경금은 인오술, 신자진과 만난다. 경오, 경신, 경술, 경자, 경인, 경진 일주가 있다.

　경오(庚午) 일주 십성은 목욕, 십이운성은 연살, 십이신살은 도화살이다. 목욕은 자기 몸을 예쁘게 멋 내는 능력이다. 화장하고 뽐내기를 잘한다. 자기를 나타내고 싶은 연예인 기질이다. 연살은 인기살이다.

연애하는 것을 좋아한다. 도화살도 인기살이며 타인들에게 매력을 끄는 섹시함이다. 오(午)의 지장간 병기정(丙己丁)이 관인상생하기에 직장생활을 잘한다. 자기 꾸미기를 좋아하면서 월급 생활을 잘 하는 일주이다. 오(午)는 말이라서 여기저기 돌아다니기도 좋아한다.

경신(庚申) 일주 십성은 비견, 십이운성은 건록, 십이신살은 망신살이다. 비견과 건록은 같은 의미이다. 독립성, 자립성, 자수성가 기질이 강하고, 사람을 좋아한다. 열심히 노력하고 있다면 한 분야에서 자기 전문성을 가질 수 있다. 정치가, 사업가, 사장, 직위 있는 일이 좋다. 망신살은 어떤 일을 열심히 하다가 부끄러움을 느끼는 일인데, 그것 때문에 나름대로 인기도 얻을 수 있다. 연예인의 끼 같은 것으로 작용한다. 사람들에게 잘 보이려고 하다가 망신을 당하지만, 그 일로 사람들에게 호감을 얻을 수도 있다.

경술(庚戌) 일주 십성은 편인, 십이운성은 쇠지, 십이신살은 반안살, 괴강살이다. 편인은 부정심리이고 계산하는 능력이다. 꾀돌이이다. 사랑을 주기도 하지만 받는 것을 전제해서 준다. 공부하는 머리가 좋다. 쇠지는 사회적 활동의 정점을 찍고 퇴직해서 내려가야 하는 모습이다. 겸손하고 노련한 경험지식이 있다. 느긋하고 융통성이 있다. 일을 열심히 한 후 무엇인가를 성취한 사람이 여유 있게 쉬고 있는 모습이다. 반안살은 상복, 승진복, 합격 같은 좋은 의미이다. 결과물이 생각보다 풍부하게 들어온다. 깊은 산속에 묻힌 보물을 갖게 되는 모습이다. 괴강살이 있어서 대장 기질이 있고, 자존심이 세다.

경자(庚子) 일주 십성은 상관, 십이운성은 사지, 십이신살은 육해살이다. 상관은 자기 표현능력이고 언어운용능력이다. 잘못된 제도를 고치려고 하는 개혁기질이다. 남의 눈치를 보지 않고 자기표현을 솔직하게 하기에 구설수가 있을 수 있다. 자기는 옳다고 생각하지만 주관적 감성이기 때문이다. 사지는 죽어 있는 모습이다. 사지에 든 상관이기에 상관적 기질이 그렇게 세게 나오지는 않는다. 정신세계 분야에서 자기 철학을 가질 수 있다. 육해살은 정신능력이 발달해 있다. 신경이 예민하고 세심하다. 저승세계까지 볼 수 있다. 욕심을 내려놓는 포기나 체념도 잘한다.

경인(庚寅) 일주 십성은 편재, 십이운성은 절지, 십이신살은 겁살이다. 편재는 여기저기 돌아다니며 돈 버는 능력이다. 잘 쓰고 잘 번다. 사업적이며 영역을 지배하려는 욕심도 있고, 고집이 있다. 절지는 끊어진 자리이다. 불안 속에서 살 길을 찾는 모습이다. 인(寅)의 지장간 무병갑(戊丙甲)이 관인상생, 재생살을 한다. 조직에 잘 적응하기도 하지만 힘든 일을 도맡아 하는 모습이다. 겁살은 적장과 함께 사는 모습이다. 군인, 경찰 일이 맞을 수 있다.

경진(庚辰) 일주 십성은 편인, 십이운성은 양지, 십이신살은 천살, 괴강살이다. 편인은 순발력이며 임기응변적인 지혜이다. 돈 앞에서 지식과 지혜를 총 동원하여 자기 재산을 불리려고 한다. 양지는 엄마 뱃속에서 안전하게 자라고 있는 모습이다. 상속 받을 것도 있으며 보호받으며 느긋하게 자라고 있다. 천살은 윗사람이나 상사를 잘 섬겨야 한다. 겸손함이다. 괴강살은 자기 자존감이다. 부동산, 공무원, 편의점, 백화점 일을 잘한다. 진(辰)시는 온갖 물상이 아침을 열고 시작하는 시간이기에 하고 싶은 일이 많다.

48. 사주, 신 일주론

신(辛)은 봄, 여름에 태어나서 자란 열매가 단단하게 완성된 형태이다. 딱딱하게 굳은 씨앗이다. 겨울을 잘 보내고 내년 봄에 새로운 생명체인 갑(甲)으로 다시 솟아나야 한다. 이미 완성된 모습이기에 누가 건드리는 것을 싫어한다. 십성으로 정관, 겁재이다. 정관은 완벽하고 올바르게 정립된 질서이다. 누가 간섭하는 것을 싫어한다. 겁재는 승부욕, 경쟁력이다. 사회가 잘 돌아가도록 만들어진 시스템을 지키기 위해 외부의 적들을 물리치는 모습이다. 서리, 눈꽃, 보석, 은어, 산호, 조개, 골수, 폐, 대장을 나타낸다. 모든 물상의 완성품은 신금(辛金)이다. 신금(辛金)은 백호살이나 괴강살이 없다. 남이 건드리지 않으면 씨종자로서 자기 위치를 잘 지킨다. 신금은 지지(地支) 해묘미, 사유축과 만난다. 신해, 신유, 신미, 신사, 신묘, 신축 일주가 있다.

신해(辛亥) 일주 십성은 상관, 십이운성은 목욕, 십이신살은 망신살이다. 상관은 정관(기존질서)을 고치려는 기질이다. 자기가 옳다고 생각하고 할 말을 다 하지만, 감성적 주관적일 경우가 많다. 여자일 경우, 상관은 남편을 쳐내는 기운도 된다. 남편(정관)이 못 마땅하다. 목욕은 어린 시절에 옷 벗고 뛰어 놀아도 부끄러움을 못 느끼는 순진함이다. 멋 내기와 자기 몸 꾸미기를 좋아한다. 연예인 기질이다. 망신살도 연예인 기질이다. 부끄럼 없이 자기표현을 솔직하게 하는 예술가적 기질이다. 예술가, 언론인, 교육자에 알맞다.

신유(辛酉) 일주 십성은 비견, 십이운성은 건록, 십이신살은 연살이다. 비견은 자립심, 독립심이다. 건록은 사회생활을 의지적으로 잘 하는 장년기의 모습이다. 자기에게 주어진 일을 책임감 있게 수행한다. 연살은 도화살이다. 사람들에게 인기가 있으며 자기 몸을 잘 가꾼다. 신유는 완벽한 씨종자이다. 가장 완성된 모습이다. 정신세계 쪽에서 일할 경우 도사 소리를 들을 수 있다. 법당에 모셔진 청정부처님이라고도 한다.

신미(辛未) 일주 십성은 편인, 십이운성은 쇠지, 십이신살은 천살이다. 편인은 의심하고 불안해하며 자기 성찰을 하는 철학적 기질이다. 지식 습득도 잘 하고, 지식을 실용성 있게 써 먹는다. 쇠지는 인생의 성장기와 활동기를 겪어내고 은퇴하는 시기이다. 노후에 대한 불안도 있지만 마음은 느긋하다. 산전수전을 다 겪은 노장의 모습이다. 천살은 하늘을 섬기는 마음으로 산다. 조상님과 윗사람을 잘 모신다. 신미 일주는 차분하게 자기 관리를 잘한다.

신사(辛巳) 일주 십성은 정관, 십이운성은 사지, 십이신살은 겁살이다. 정관은 올바름이다. 기존 질서 내에서 말 잘 듣고, 교육 잘 받고, 시스템이 원하는 일을 잘 해내는 관리 능력이다. 사지는 죽은 모습이다. 신체적 능력은 약하다. 사지는 정신적인 능력이 발달한다. 하는 일도 생산직이나 신체노동직보다는 사무직, 기획 일이 알맞다. 겁살은 적장과 함께 살아야 한다. 사는데 있어서 장애물이 있다. 그러나 사(巳)의 지장간 무경병(戊庚丙)이 관인상생을 한다. 사람들이 올바르다고 생각하는 방향으로 일처리를 하면서 산다.

신묘(辛卯) 일주 십성은 편재, 십이운성은 절지, 십이신살은 육해살이다. 편재는 돈을 벌려고 이리저리 움직이며 활동적으로 산다. 공간 지배력과 영역 확보 능력으로 돈을 번다. 돈 쓰는 것도 무서워하지 않는다. 돈이 통장 안에 있기보다는 투자나 투기 등으로 쓰인다. 절지는 생명이 끊어지고 다시 태어나려고 준비하는 모습이다. 이전에 살았던 모습을 버리고 새로운 옷을 입으려고 한다. 그래서 불안하고 외로울 수 있다. 편재이지만 절지이고 육해살이라서 정신세계 분야에서 일하는 게 좋다. 육해살은 저승사자이다. 밝음을 지배하기보다는 어둠을 지배하는 신이다. 신묘일주는 사무직 일이 좋다.

신축(辛丑) 일주 십성은 편인, 십이운성은 양지, 십이신살은 반안살이다. 편인은 철학자이다. 의심하고 탐구하고 깊이 파는 공부 능력이다. 양지는 엄마 뱃속에서 잘 자라고 있는 모습이다. 근심 걱정 없이 느긋하다. 태어나면 주변의 사랑을 듬뿍 받을 수 있다. 반안살은 승진, 합격, 취업, 성공의 좋은 의미가 있다. 신축일주는 이듬해에 새 생명으로 잘 태어나기 위해서 편안하게 겨울잠을 자고 있는 모습이다. 미래를 대비하면서 자기 관리를 잘 하고 있는 일주이다.

49. 사주, 임 일주론

임(壬)은 정신세계의 대표주자이다. 물은 지혜로움이다. 알면서도 말하지 않고 묵묵히 자기 할 일을 순리적으로 한다. 도사, 도인, 먹구름, 저기압, 대뇌, 지식, 방광, 큰물의 이미지이다. 십성으로는 편인, 식신이다. 편인은 의심하고 부정하고 성찰하고 반성하는 철학자 기질이다. 식신은 무조건 주는 사랑이다. 자기 표현능력이며 전문성이며 생활 수단이며 재능이다. 임 일간은 전형적인 선생님, 교육자, 기획자, 아이디어 창출자이다. 임 일간은 양간이기에 인오술, 신자진과 결합한다. 임신, 임술, 임자, 임인, 임진, 임오 일주가 있다.

임신(壬申) 일주는 십성으로는 편인, 십이운성은 장생, 십이신살은 지살이다. 편인은 지혜롭게 심사숙고하는 사고(思考) 능력이다. 예민하게 반응하며, 인간관계도 주고받는 식의 합리적 관계를 맺는다. 장생은 어린이이다. 순진하며 즐겁게 노는 게 인생의 목표이다. 편인 장생은 사람들과 좋은 관계를 맺으며 행복하게 살려고 한다. 지살은 여기저기 돌아다닌다. 새로운 시작이며, 광고이며 홍보 활동을 잘한다.

인생을 낙관적으로 살며 무난하게 자기 생활을 한다.

　임술(壬戌) 일주 십성은 편관, 십이운성은 관대, 십이신살은 월살, 괴강살, 백호살이다. 편관은 힘든 조직에서 자기에게 주어진 업무를 해결하는 능력이다. 자기 절제력과 책임감이 있다. 관대는 청소년 기질이다. 자기 생각을 추진력 있게 밀고 나가는 힘이다. 자기 고집을 버리지 않고 자기 식의 생활방식과 정체성을 획득하는 질풍노도기이다. 편관, 관대는 무섭게 밀고 나가서 힘차게 싸우는 장군의 모습이다. 월살은 고초살이다. 가뭄에 말라가는 초목의 모습이다. 정신적으로 힘들다. 괴강살은 우두머리 기질이라 자존심이 세고, 백호살도 승부욕이라서 사고수나 수술수가 있다. 임술 일주는 생살지권을 담당하는 직업이 좋다. 검경, 군인, 소방대원, 금융, 항공사 쪽의 일을 하면 좋다.

　임자(壬子) 일주 십성은 겁재, 십이운성은 제왕, 십이신살은 장성살, 양인살이 있다. 겁재는 승부욕과 경쟁심이다. 너무 열심히 달려들다가 경제적 손실을 입을 수 있다. 제왕은 자기 직업에서 뚜렷하게 업적을 내는 모습이다. 인생의 황금기이다. 직장에서는 승진할 만큼 해서 직위도 높다. 자기 업적도 있다. 장성살은 자기 직업에서 뚜렷하게 타인으로부터 인정받는 모습이다. 한 분야의 전문가이다. 양인살은 신체가 건강하다. 양손에 칼을 쥐었기에 화나면 무섭게 변한다. 그러나 겉모습은 순하고 얌전하게 보일 수 있다. 속마음이 강하다.

　임인(壬寅) 일주 십성은 식신, 십이운성은 병지, 십이신살은 역마살이다. 식신은 먹고 사는 능력이다. 주는 사랑이다. 재성이 오면 돈을 만드는 수단이 되고, 관성이 오면 잘 다스려서 자기 식대로 관성을 조정해서 사용한다. 식신은 사랑하는 능력이기에 인간관계를 부드럽게 맺는다. 병지는 체력이 약해지는 노년기의 시작이다. 그러나 마음이나 정신은 경험지식이 풍부해서 이해심과 포용력이 강하다. 정년퇴직한 직후의 모습이다. 느긋하며 다정하다. 역마살은 여기저기 돌아다닌다. 여행의 즐거움과 바깥 생활을 활발하게 한다. 무엇인가를 늘 새로 시작하고 싶은 마음이다. 놀지 않으려고 한다.

　임진(壬辰) 일주 십성은 편관, 십이운성은 묘지, 십이신살은 화개살, 괴강살이다. 편관은 힘든 일을 해내는 업무 책임 능력이다. 희생심과 참을성이 있다. 남보다 더 노력하면서 명예를 추구한다. 묘지는 묘지 속에 누워 있는 모습이다. 몸을 쓰기 보다는 정신을 쓰는 일을 한다. 묘지 속에 있기에 절약 정신이 강하고, 사치를 부리지 않는다. 물질세계보다는 정신세계를 중요시 한다. 조금의 만족만으로도 행복감을 느낀다. 화개살은 반복, 재생, 종교심이다. 사람도 일도 만나는 사람을 만나고 하고 싶은 일만 한다. 괴강살은 지지 않으려는 우두머리 기질이라서 자존심이 있다. 목표의식이 있다면 꿈을 이룰 수 있다. 물을 만난 용의 모습이다. 용은 물이 있어야 변화가 가능하다.

　임오(壬午) 일주 십성은 정재, 십이운성은 태지. 십이신살은 재살이다. 정재는 세심하고 알뜰하고 꼼꼼하다. 주어진 일을 성실하게 이행한다. 보수적이고 올바르게 살려고 한다. 태지는 엄마 뱃속에 잉태된 모습이다. 언제 떨어질지 몰라서 불안하고 겁이 많다. 재살은 적군의 포로이다. 해결해야 할 인생의 숙제가 있다. 노심초사, 좌불안석하는 마음이다. 오(午)의 지장간에 있는 병기정(丙己丁)이 재생관을 하기에 착실하게 산다. 사회적인 틀 안에서 올바르게 살며 성공하려고 한다.

50. 사주, 계 일주론

계수(癸水)는 허공에 있는 수증기이다. 임수(壬水)가 땅을 흐르는 물이라면 계수는 하늘에 떠있는 습기, 아지랑이, 이슬, 구름, 공기, 생명수, 고기압이다. 약수, 산토끼, 복숭아꽃, 진달래꽃의 물상이다. 발산적으로 운동한다. 고기압이고, 온도에 따라 모습이 바뀐다. 계수가 기온에 따라 모습이 달라지기에 갑(甲)과 함께 해묘미(亥卯未) 운동을 한다. 계수의 십성은 정인, 상관이다. 정인은 만물을 키우는 어머니이고, 상관은 올바르지 않을 것을 고치려는 해결사이다. 정인, 상관은 있는 사실을 그대로 말하는 능력이라서 교육자, 언론인, 기자, 학자 일을 잘한다. 계수는 음간이라서 해묘미, 사유축과 만난다. 계묘, 계축, 계해, 계유, 계미, 계사 일주가 있다.

계묘(癸卯) 일주 십성은 식신, 십이운성은 장생지, 십이신살은 장성살, 천을귀인이다. 식신은 기르는 일을 한다. 재주와 기술을 익혀서 재성(돈, 결과물)을 생산한다. 계는 묘목(卯木)을 키우는 게 본질이다. 자식 키우는 일이 식신이다. 장생지는 어린이의 순진함이다. 걱정근심

없이 잘 먹고 잘 놀고 잘 잔다. 남 앞에 나서는 일은 하지 않는다. 뒤에서 따라가며 자기 할 일을 하며 산다. 장성살은 한 직업에서 뚜렷하게 업적을 내는 신살이다. 전문가가 된다. 천을귀인은 보이지 않는 인덕이고 조력자이다. 계묘 일주는 묘(卯) 하나만으로 먹고 산다.

계축(癸丑) 일주 십성은 편관, 십이운성은 관대, 십이신살은 월살, 음간 양인살, 백호살이 있다. 편관은 힘든 일을 완수하는 능력이다. 관대는 청소년기질이다. 겁 없이 시작하고 도전한다. 월살은 충돌하면서 버티는 살이다. 삶이 전쟁터이다. 고초살이라고 해서 가뭄을 버티는 초목의 모습이다. 양인살은 체력이 좋고 양손에 칼을 쥔 모습이라서 화가 나면 무섭다. 백호살은 피를 보는 살이다. 계축일주는 봄이 오기를 기다리면서 자기 할 일을 묵묵하게 하고 있는 겨울물이다. 인내심과 희생심이 강하다.

계해(癸亥) 일주 십성은 겁재, 십이운성은 제왕, 십이신살은 지살이다. 겁재는 승부욕, 경쟁력이며, 체력이 좋다. 제왕은 노력해서 이루어낸 전성기이다. 겁재 제왕은 기가 죽지 않고 열심히 도전하고, 하고 싶은 일은 성취한다. 지살은 시작, 광고, 홍보이다. 무슨 일을 새로 시작해서 이제 막 열정적으로 달려드는 모습이다. 지지(地支) 해(亥)에 갑목(甲木)이 장생한다. 봄이 오기를 기다리는 마음으로 산다. 밝고 긍정적이다. 생활력과 인내심이 좋다.

계유(癸酉) 일주 십성은 편인, 십이운성은 병지, 십이신살은 재살이다. 편인은 의심하고 부정하고 반성하는 철학적 지성이다. 쉽게 마음을 열지 않고 주고받는 식의 인간관계를 맺는다. 병지는 늙어 병든 모습이다. 열심히 살아낸 젊은 날의 경험을 가진 노년의 지혜로운 모습이다. 몸은 아프지만 정신은 노련한 처세가이다. 큰 욕심을 내지 않고 있는 것에 만족하며 인간관계를 다정하게 맺는다. 의사, 간호사 등 사람들을 돕는 일에 제격이다. 재살은 적병의 포로가 된 모습이다. 갇혀 있는 느낌이고 답답하다. 그런 환경에서 살아남기 위해 나름대로 아첨도 하고 아양도 떨어야 한다. 이면에는 자기가 져주는 마음이 크다. 포기와 체념도 잘한다.

 계미(癸未) 일주 십성은 편관, 십이운성은 묘지, 십이신살은 화개살이다. 편관은 힘들고 어려운 업무를 수행하는 능력이다. 나름대로 사회적 직위가 있다. 묘지는 무덤 속에 있는 모습이다. 무덤 속에 살기에 절약하고 자기를 죽이고, 바깥으로 드러나게 행동하지 않는다. 편관 묘지는 힘든 일을 해내면서 착실하게 산다. 화개살은 하던 일을 반복하거나, 재생하며 산다. 예술적 끼가 발휘되기도 한다. 미(未)의 지장간 을계무(丁乙己)가 식신생재를 하기에 개미처럼 일 하면서 돈을 잘 모은다.

 계사(癸巳) 일주 십성은 정재, 십이운성은 태지, 십이신살은 역마살, 천을귀인이다. 정재는 꼼꼼하고 세심하고 정확하고 올바르다. 기존질서를 지키며, 열심히 저축하며 성실하게 산다. 태지는 엄마뱃속에 잉태된 아기이다. 언제 떨어질지 모르기에 좌불안석이고 노심초사하는 마음이다. 살아남기 위해 꾀가 발달한다. 역마살은 여기저기 돌아다니는 움직임이다. 천을귀인은 보이지 않는 조력자이며 인덕이다. 사(巳)의 지장간 무경병(戊庚丙)이 재생관을 하기에 사회생활을 올바르게 잘 한다.

51. 사주 12지지(地支)

'자축인묘진사오미신유술해'가 12지지이다. 12지지는 육합, 방합, 삼합, 형충파해의 관계로 자기 모습을 바꾼다. 합을 하면서 서로의 성격을 죽이고, 형충파해를 하면서 각각이 다른 성질로 변한다. 합은 화합하려는 기질이고, 형충파해는 다르게 변질하는 기질이다. 사람이 살면서 다른 사람과 관계 맺으면서 자기 모습을 변화시키고, 자기 역할을 조정하듯이 그렇게 지지도 어느 지지를 만나느냐에 따라 변질하고 변태한다. 사람이 고정되어 있지 않듯이 사주도 고정되어 있지 않다.

자는 쥐이다. 12월이다. 절기로는 대설과 동지이다. 신자진 삼합의 중심 글자이다. 수(水) 운동을 한다. 수(水)는 정신세계를 상징한다. 지혜롭게 흐른다. 한 곳에 고정되지 못 한다. 자(子)는 정자, 난자로서 생명의 씨앗이고 시작이다. 기초학문, 청정수, 샘물소리, 철학, 연구원 등의 이미지이다. 신체로는 신경계이며 소뇌(운동감각능력)이다. 시간으로 밤 11시 반에서 1시 반으로 새 날로 바뀌는 시점이다. 옛것을 버리고 새것을 취하는 기질이 있다.

축은 소이다. 1월이다. 절기로는 소한과 대한이다. 새벽 1시 반에서 3시 반이다. 가장 고요한 시간이고 모든 물상이 잠든 시간이다. 귀신이 움직이는 시간이다. 축시에 경기정(庚己丁)이 묘지로 들어간다. 경은 딱딱해진 열매(무생물), 기는 땅의 온기, 정은 따스한 기운이 잠자는 시간이다. 축은 지축, 축대, 척추, 냉동보관된 것 등의 이미지이다. 축은 차갑고 축축한 기운으로 인(寅)을 기다린다.

인은 호랑이이다. 2월이다. 절기로는 입춘과 우수이다. 새벽 3시 반에서 5시 반이다. 사람들이 일어나는 시간이다. 생명체가 하루를 시작하려고 깨어나는 시간이다. 시작, 광고, 간판, 전기, 소리, 방송, 전파, 통신, 산신령, 단군, 우리나라, 스튜어디스, 성급함, 새싹의 이미지이다. 농부는 농사를 시작하려고 준비한다. 바쁘게 움직이는 소리를 내기 시작한다.

묘는 토끼이다. 3월이다. 절기로는 경칩과 춘분이다. 시간은 아침 5시 반에서 7시 반이다. 이제 만물이 쑥쑥 올라온다. 만물이 활동하려고 얼굴을 내보인다. 일출의 모습이 아름답듯이 아침의 하늘이 아름답다. 꾸미기, 장식하기, 디자인, 인테리어, 꽃집, 공부시작, 글쓰기, 책 출판, 창작 이미지이다. 복숭아꽃, 진달래꽃처럼 분홍빛의 이미지이다. 부드럽고 연약하고 유연하다.

인묘(寅卯)는 새로 나온 새싹 이미지이다. 어린이처럼 순수하다.

진은 용이다. 4월이다. 절기로는 청명, 곡우이다. 꽃 피는 시기이다. 용처럼 변화무쌍한 생명체들의 풍경이 펼쳐진다. 나비와 벌과 꽃들이 움직이다. 시간은 아침 7시 반에서 9시 반이다. 출근해서 하루의 일을 시작한다. 분주하고 부산스럽다. 봄장마가 있어서 만물의 생명이 잘 자란다. 비만 오면 쑥쑥 크는 식물들의 모습이다. 안개, 피부, 미용, 화장품, 편의점, 잡화점, 디자인, 부동산, 백호살, 건축 등의 물상이다. 활발하고 활기찬 아침의 모습이다.

사는 뱀이다. 5월이다. 절기로는 입하, 소만이다. 햇볕이 풍부하고 만물이 생장하기 시작한다. 생명체가 성장하는 모습이 뚜렷하게 드러난다. 뱀이 허물을 벗어 새로운 모습이 되듯이 5월에는 사람이나 식물이나 생명체들이 자신의 속살을 한껏 나타낸다. 변태하고 변화한다. 이중성, 독, 빛, 전파, 조명, 빠름, 소리, 전기, 전자, 화학, 가스, 홍보, 핸드폰, 보험, 증권, 항공, 여행사 등의 물상이 있다. 시간은 아침 9시 반에서 11시 반, 출근해서 일을 열심히 하는 시간이다.

오는 말이다. 6월이다. 절기로는 망종과 하지이다. 시간은 오전 11시 반에서 오후 1시 반, 점심 먹고 휴식하는 시간이다. 햇볕이 강렬하게 내리쬐는 시간이다. 밝고 환하게 모든 물상들이 드러난다. 백화점, 극장, 공연장, 시장, 분주한 곳, 역전, 식당의 물상이다. 인체로는 심장이다. 말처럼 돌아다니는 역마기질이 강하다.

미는 양이다. 7월이다. 절기로는 소서, 대서이다. 가장 더운 달이다. 가장 발달한 도시 한복판의 모습이다. 백화점, 시장, 조경, 미생물, 화려한 꽃 가게, 번화가, 큰 들판, 미정, 미결, 미각, 초원의 이미지이다. 시간은 오후 1시 반에서 3시 반, 점심 먹고 열심히 일을 해서 하루 일을 마치려는 마음이지만 아직 할 일이 남아 있는 상황이다. 그러다가 내일 해야지 하면서 체념하고 포기한다. 정기경(丁己庚)의 관대지이다. 정(丁)은 온기, 기(己)는 식물을 기르는 농토, 경(庚)은 과일 열매에 단맛이 듬뿍 들게 겁 없이 성장하는 중이다. 관대는 청소년의 질풍노도기를 나타낸다. 온기(丁과 己)와 열매(庚)가 사춘기의 소년소녀처럼 무르익을 대로 성숙하는 중이다.

신은 원숭이다. 8월이다. 절기로는 입추와 처서이다. 시간은 오후 3시 반에서 5시 반, 퇴근 시간이 가까이 오기에 마음이 조금 느긋하다. 그러나 인신사해(寅申巳亥)가 역마살이기에 움직임도 부산하고 활발하다. 원숭이는 꾀돌이이다. 재주가 많고 직감력과 신통력이 있다. 이제 양(陽)의 시간이 가고, 음(陰)의 시간이 시작되는 처음이다. 낮의 활동을 마무리 하고 밤의 활동을 시작하려는 움직임이 있다.

유는 닭이다. 9월이다. 절기로는 백로와 추분이다. 시간은 5시 반에서 7시 반, 퇴근 시간이다. 집으로 돌아가 쉬려고 하는 마음이다. 하루 중 가장 뿌듯하고 여유 있는 시간이다. 만물은 9월에 열매를 맺고 씨앗으로 단단해진다. 이제 씨종자의 모습이 된다. 사람들이 이듬해에 새로 심을 씨앗을 갈무리 하는 달이다. 정신세계의 청정법신이고, 숙성된 과일이고, 엄숙함, 노련함, 겸손함, 저녁 종소리, 산속의 맑음이다. 낮 동안 물질을 추구하며 살았다면 이제는 되돌아보며 자신을 숙고(熟考)하는 성찰의 시간이다.

술은 개다. 절기로는 한로와 상강, 10월이다. 술은 백호살이다. 시간은 오후 7시 반에서 9시 반, 정신세계의 수행도량이다. 오전 7시 반에서 9시 반인 진시(辰時)와는 대조적이다. 오전 진시는 하루를 시작하려고 분주하게 신체가 움직이는 시간이다. 오후 술시(戌時)에는 신체보다는 정신이 움직이는 시간이다. 생물체를 상징하는 을병무(乙丙戊)가 입묘하는 시간이다. 을(乙)은 식물, 병(丙)은 태양, 무(戊)는 일하는 산의 기운이다. 술(戌)은 가을 산, 낙엽 속에 묻힌 씨앗, 씨종자를 보호할 정도의 온기, 무욕의 경지, 산속 옹달샘, 도사, 도인, 절, 감옥, 빈 학교, 천문성의 물상이다. 반면에 밤의 세계이기 때문에 부정부패, 비리가 싹트기도 한다.

해는 돼지이다. 11월이다. 절기로는 입동과 소설이다. 밤 9시 반에서 11시 밤. 하루 일과가 끝나는 시간이다. 잠자는 시간이다. 정신세계이다. 술해(戌亥)를 천문성이라고 한다. 하늘에 닿는 시간이다. 정신세계이고, 대뇌이고 백회혈이다. 지혜가 모여 있다. 북극성, 칠성신, 제사지내는 시간, 물질적인 생각을 버리는 시간이다. 음(陰) 기운이 가장 많이 모여 있지만 해(亥)에서 생명체인 갑(甲)이 장생하면서 꿈틀거리고 있다. 이승의 생명체는 인묘(寅卯)에 태어나서, 진사(辰巳)에 열심히 일하고, 오미(午未)에 욕망을 펼치고, 신유(申酉)에 병들고, 술해(戌亥)에 정신세계를 맛보고, 자축(子丑)에 저승세계에 안착하는 삶을 반복한다.

인신사해(寅申巳亥)는 시작의 의미이고, 자묘오유(子卯午酉)는 최정상의 의미이고, 진술축미(辰戌丑未)는 거둠의 의미이다. 인신사해에서 계절이 시작하고, 자묘오유에서 그 계절의 정점이 달하고, 진술축미에서 그 계절의 힘이 빠지기 시작한다.

52. 좋은 사주

　관인상생(官印相生)은 관성과 인성이 서로 돕는다. 관성은 사회에서 '내'가 두드러지는 특성이다. '내' 직함이며 명예이다. 인성은 사회에서 '내'가 인정받는다. 타인에게 사랑받을 수 있는 복이다. 관성과 인성이 상생하는 사주는 조직생활에서 결재권자가 될 수 있다. 예부터 관인상생 사주를 관리자, 공무원, 공기업, 대기업의 회사원으로 보았다. 현대 사회에서도 관인상생은 좋은 직장을 가질 수 있다. 조직과 동화되면서 잘 적응한다. 조직 내에서 자아실현을 할 수 있다. 관계를 중시하면서 자기 성취를 한다. 기존 질서를 합리적으로 이해한다.
　식상생재(食傷生財)하는 사주가 있다. 식신과 상관은 먹을 것을 생산하는 재주이며 기술이다. 식신, 상관은 일하기를 두려워하지 않는다. 활동적이다. 삶을 살아내는 재주가 있기에 어느 곳에서나 하고 싶은 일을 열정적으로 한다. 식상은 돈 버는 방편이다. 식상생재는 자기 표현을 잘 하고, 사람들을 사랑하는 힘이다. 적극적이며 능동적이다. 그런 자질로 돈을 벌 수 있다.

식신제살(食神制殺)도 좋은 사주이다. 식신은 기술, 재주, 능력이다. 자기 전문 기술로 편관(어려운 일)을 제압한다. 편관은 힘든 상황이다. 식신은 편관의 일을 능히 해결하는 기술력이다. 현실의 어려움을 헤쳐 나가는 무기이다. 사주에 편관이 강할 때 식신이 있으면 스타가 될 수 있다. 노력하고 일을 해결하려고 끝장을 보는 기질이다. 예부터 사주에 식신(자기 개발 능력)이 있으면 재성(돈 운용 능력)보다 좋다고 했다.

비겁다(比劫多) 식상생(食傷生) 사주도 좋다. 사주에 비겁이 많으면 '내' 주변에 사람이 많다. 그 사람들과 협력하여 식상이라는 먹을 것을 함께 수확할 수 있다. 식상은 먹을 것을 취할 수 있는 전문 능력이다. 사람들이 무리를 이루어서 먹을 것을 취할 수 있다. 식상은 부지런함이고 어려움을 헤쳐 나가는 지식이다. 비겁이 많다고 군겁쟁재(많은 사람이 적은 돈에 달려들어 싸우는 모습)하는 것이 아니다. 비겁들이 모여서 식상(전문성)을 이용해서 돈(재성)을 만들어 비겁들이 나누어 가지면 더 좋은 결과를 낼 수 있다. 하는 일의 단위가 주식회사처럼 커질 수도 있다. 갑부들은 비겁이 많거나 하나의 오행 세력이 사주에 강하게 들어 있다.

관성극(官星剋) 비겁(比劫)의 사주도 좋다. 관성은 사람들을 관리하는 능력이다. 돈도 사람도 관리한다. 그러면서 자기 이름을 세상에 드러낼 수 있다. 관성은 돈을 **빼앗아가는** 비겁을 제압한다. 비겁은 자존심이고 고집이다. 자기 주관이 강하기에 객관적인 관성에게 통제 당하면 중화가 되어 사물을 합리적으로 볼 수 있게 된다. 관성은 관(규율, 윤리, 도덕)이다. 돈이 많아도 관성이 없으면 돈이 모아지지 않는다. 관성은 재성의 저금통이다. 돈의 관리자이다.

재생관(財生官) 사주도 좋다. 재성(돈)이 관(관리력)을 생하는 운이다. 돈을 벌다 보면 관성(사회적 명예욕)이 살아난다. 관은 사람들에게 '내' 이름이 알려지는 운이다. 직장생활을 착실하게 잘 해서 승진이나 진급하는 운도 관성이다. 사람들이 알아준다. 재생관이 잘 되는 사주는 어느 직장을 들어가든, 일한 만큼 보수를 받고 승진할 때 힘들지 않게 승진한다.

양인생(羊刃生) 상관(傷官) 사주도 좋다. 양인은 기운이 세다. 양손에 칼이라는 무기를 쥐고 있다. 장군 사주이다. 양인이 상관을 만날 경우에 잘못된 제도나 규율을 고치는 무기가 된다. 상관은 잘못된 체제를 바꾸고 개혁하는 기질이다. 양인과 상관은 부조리하고 부정의한 시스템을 바꾸는 기운이다. 독립운동가나 혁명가의 사주이다. 난세라면 이런 사주가 나라를 지키는 근간이 될 수 있다. 자기 잘난 척만 하지 않으면 매력적인 사람이다.

'내'가 어떤 유형의 사주인지를 알아보면 직업을 구할 때 도움이 된다. 나쁜 사주는 없다. 모든 사주는 '내' 의지에 따라 좋게 변할 수 있다. 가장 중요한 것은 자기 스스로를 관리하는 의지이다. 의지가 굳건하면 강한 사주일수록 세상을 잘 살아낼 수 있다.

53. 사주와 개운법

　개운법은 간단하다. 고난을 견디고 시련을 버티는 마음가짐이다. 병이 들면 병원에 가서 고치는 것과 같다. 사람은 살려고 산다. 죽으려고 사는 사람은 없다. 개운법은 따로 있는 게 아니다. 마음가짐이 개운법이다. 열심히 사는 것이 개운법이다.

　편인운에는 건강 이상과 우울증이 올 수 있다. 편인은 식신을 제압한다. 식신은 잘 먹고 즐겁게 살려는 마음이다. 편인은 부정적인 의심이다. 뭘 해도 안 될 거라고 생각하고, 해 보았자 거기서 거기지 하는 생각이다. 노력해도 결과가 별 거 아닐 거라고 지레짐작한다. 식신은 무언가를 해보려는 행동이다. 열심히 일하면 먹고 살 수 있다는 긍정적인 마인드이다. 이런 식신의 마음을 편인이 눌러 버린다. 그래서 편인운에는 일이 중단되거나 마음이 아플 수 있다. 이럴 경우 비겁이 있으면 해결된다. 비겁은 편인의 기운을 **빼내서** 식신을 살린다. 편인의 부정성이 비겁(친구, 동료, 자립의지)과 만나면 노력하는 운으로 바뀐다.

편관운도 힘들다. 편관운에는 일이 많고, 책임질 일이 생기고, 그러다가 몸이 아프고 신경도 예민해진다. 피해의식과 우울감이 생긴다. 그럴 때는 자기가 할 일과 하지 못할 일을 구분하고, 하지 말아야 할 일은 그만두어야 한다. 계속 하다 보면 화병이 생긴다. 사주에 식상이 있으면 편관을 이길 수 있다. 식신과 상관은 편관을 제압한다. 식신은 전문적인 실력이고, 상관은 다재다능한 해결사이다. 편관의 힘듦을 식신의 실질적인 지식으로, 상관의 임기응변으로 해결할 수 있다. 사주에는 문제도 있지만 해결사도 함께 있다.

재생살운이 있다. 재성이 편관에 힘을 실어주어 '나'를 사지(死地)에 들게 한다. 일은 하는데 스트레스만 쌓이고 돈이 안 되는 운이다. 이럴 때는 돈 욕심을 내지 않는 게 좋다. 돈을 더 벌려고 일을 더 벌이지 않는 게 좋다. 재생살일 경우에 인성이나 비겁이 있으면 좋다. 비겁으로 편관을 받아내서 재성을 제압하면 된다. 그리고 인성(공부)으로 실력을 쌓아서 편관의 힘든 상황을 해결하면 된다. 정인은 인정(仁情)이고 받아들이는 마음이다. 재생살운에 빚을 내서 일 하면 그 빚이 더욱 커질 수 있다. 욕심을 버리고 현 상황을 유지하는 선에서 멈춰야 한다.

재극인 운도 힘들다. 재성(돈 욕심)이 인성(명예와 안정감)을 뒤집어 놓는 운이다. 돈 때문에 명예를 잃고 친구를 잃게 된다. 생활이 뒤죽박죽된다. 이럴 때는 부정직한 돈에 관련된 일을 하지 않아야 한다. 숨겨 오며 저지른 부도덕이 세상에 드러나게 된다. 재극인 운에는 사람과 돈을 조심하고 도덕적으로 행동해야 한다. 비겁이 있으면 좋다. 구석에 몰린 인성(명예)을 비겁이 받아내고, 재성(돈 욕심)의 기운을 누르면 된다.

상관견관운이 있다. 상관이 정관을 보는 운이다. 상관은 자기 생각을 표현하는 능력이다. 기존의 체제인 정관이 올바르지 않을 경우에 바꾸려는 기질이다. 상관이 정관과 싸울 때를 관재수라고 한다. 그 일로 구설수에 시달리다가 다니던 직장을 그만둘 수 있다. 상관견관운에는 말조심을 해야 한다. 합리적이고 이성적인 정인이 있으면 좋다. 정인은 상식적인 지식이다. 상관이 자기주관적인 말이라면, 정인은 학교 지식이다. 정인이 있으면 상관이 관을 이용하여 자기 이익을 취할 수 있다. 정인 상관은 꾀돌이이다.

군겁쟁재운이 있다. 돈의 액수는 작은데 그 돈을 가져갈 사람들이 많은 운이다. 그럴 경우 관성을 사용하여 비겁을 제압하거나, 식상이 비겁을 이용하여 일을 더 많이 하면 좋게 풀린다. 관성은 사람들(비겁)을 관리하고 자기편으로 만든다. 그 비겁을 활용하여 식상(먹을 것들)으로 성과를 낼 수 있다. 군겁쟁재일 때 많은 비겁들이 작은 돈을 가지고 싸울 게 아니라, 새로운 일을 벌여 일의 규모를 크게 만들면 돈을 벌 수 있다.

사주에는 해결책이 다 있다. 살려고 하는 사람은 어떡하든 살게 되어 있다. 문제는 욕심이다. 욕심의 적정선을 제어하고 통제하는 마음가짐이 운을 좋게 하는 개운법이다.

54. 사주와 십이신살

십이운성이나 십이신살이나 지지(地支) 이야기이다. 지지는 열두 개, 자축인묘진사오미신유술해이다. 열두 개의 지지는 삼합원리로 작동된다. 십이운성과 십이신살도 삼합원리이다. 십이운성은 태어나서 죽는 순환이다. 태(수정됨), 양(엄마 뱃속에서 자람), 장생(태어나서 사랑받음), 목욕(발가벗고 즐겁게 노는 어린 시절), 관대(청소년 시기, 자아정체성 형성기), 건록(늠름한 사회인), 제왕(직업을 갖고 활발하게 일하기), 쇠(은퇴하기), 병(노환으로 아프기), 사(죽기), 묘(묻히기), 절(새로운 모습으로 다시 태어나려고 변화하기)이 십이 년 단위로 윤회한다. 십이운성의 논리는 모든 생명체의 일평생에 적용될 수 있다.

십이신살은 살면서 경험하는 시련이나 업적 성취를 나타낸다. 재살(災煞), 천살(天煞), 지살(地煞), 연살(年煞), 월살(月煞), 망신살(亡身煞), 장성살(將星煞), 반안살(攀鞍煞), 역마살(驛馬煞), 육해살(六害煞), 화개살(華蓋煞), 겁살(劫煞)이다. 어떤 신살은 근심걱정, 독감, 식중독, 암 같은 힘듦이고, 경제적 파산이고 실패이지만, 어떤 신살은 성공과 출세의 의미가 있다.

재살은 갇혀 있는 느낌이다. 자유롭지 못하다. 어찌할 수 없는 상황에 구속되어 있는 살이다. 감금살, 감옥살이라고도 한다. '나'를 죽이러 온 적병과 대치하고 있는 상황이다.

천살은 옥황상제이다. 하늘의 기운이다. 하늘은 '내'가 어떻게 할 수 없다. 받들고 섬기고 복종해야 한다. 날씨나 기후 같은 외부 조건이다. 천재지변으로 '내' 의지가 작용할 수 없는 바깥이다. 시간이 흐르기를 기다리거나 도 닦는 마음으로 힘듦을 버텨야 한다.

지살은 이동, 시작, 변화, 성장, 활동성을 의미한다. 새로 시작하는 기운이라서 긍정적이다.

연살은 도화살이다. 사람들에게 인기가 있다. 연애운이 발생한다. 친절, 명랑, 멋, 사교적이다. 스스로를 아름답게 꾸미기도 하고, 예술적 기질이 발휘된다.

월살은 고초살이다. 외롭다. 신경쇠약으로 직감이 발달한다. 예민해진다. 참을 수밖에 없다. 좋게 작용하면 상속이나 증여를 받기도 한다. 고생한 만큼 이익을 얻게 되는 결과물이다.

망신살은 명예실추, 고집, 자존심 추락, 독립심 발동이다. 망신을 당하면서 자수성가의 힘이 생긴다. 그러다가 사람들이 알아주는 유명세를 탄다. 실패했다고 부끄러워할 필요가 없다. 실패를 교훈 삼아 새롭게 무언가를 다시 시작하면 된다. 결과적으로는 자립의지로 작용된다.

장성살은 발전, 승진, 번영, 고귀함, 정의감, 지배욕, 전문가의 살이다. 장설살은 한 분야의 전문가가 된다. 한 직업에 매진하기에 자기가 하는 일에서 성공한다. 자존감이 높다.

반안살은 출세, 승진, 번영, 국가고시 합격, 관복이다. 좋은 의미로 작용하고, 인덕이 있다.

역마살은 이사, 이동, 변동, 분주, 해외, 이민, 움직임이다. 움직일수록 긍정적으로 작용된다.

육해살은 저승사자, 질병, 관재구설, 화재, 수해 등이다. 짜증스런 일을 겪는다. 이럴 경우에 약 먹고 감기가 낫듯이 자기 몸을 보살펴야 한다. 우울증에 시달릴 수 있으니까 마음관리를 잘 해야 한다. 시간이 흐르면 좋은 추억처럼 나쁜 추억도 희미해지는 법이다.

화개살은 예술, 참모, 보존, 재생, 기예, 화려함, 학문, 두뇌총명, 문장 능함이다. 부지런하고 참을성이 많다. 자기가 할 일을 끝까지 해서 완성하는 힘이다. 과거에 합격해서 머리에 화관을 얹는다는 의미로 좋은 작용을 한다.

겁살은 손재, 탈취, 적장에 잡힌 포로이다. 잃어버린 주식, 팔리지 않는 부동산, 사기 당함, 빌려 준 돈을 못 받음 등이다. 겁살 운에는 돈 욕심을 부리지 말아야 한다.

십이신살은 말이 무섭지 실제로는 말만큼 무섭게 일어나지 않는다. 십이신살은 십이운성하고 짝이 된다. 장생은 지살, 목욕은 연살, 관대는 월살, 건록은 망신살, 제왕은 장성살, 쇠는 반안살, 병은 역마살, 사는 육해살, 묘는 화개살, 절은 겁살, 태는 재살, 양은 천살이다.

55. 사주와 사흉신(四凶神)의 길(吉) 작용

사주에 사길신(四吉神)과 사흉신이 있다. 사길신은 정인, 정관, 식신, 정재이다. 정인은 지식과 자격증, 정관은 관리 능력, 식신은 먹고 사는 기술, 정재는 모은 돈이다. 사길신은 형충(刑冲)을 당해도 인내심과 순종으로 이겨낸다. 기존 질서를 크게 벗어나지 않는다. 고난과 시련도 크게 주어지지 않는다. 무난하게 공부하고 무난하게 취직해서 평탄하게 산다. 반면에 사흉신은 편관, 상관, 편인, 양인이다. 조금 힘들게 산다. 이들의 삶은 드라마 같다.

편관은 전쟁터의 장군이고 양인은 손에 무기를 쥔 고집쟁이이다. 세상과 대척하는 기운이 세다. 어린 시절에는 얌전하고 예의 바르다. 청소년기 이후에는 세상이 호락호락하지 않다. 힘든 상황에 처하게 되면 어른들의 조언을 듣기보다는 자기 식으로 대응한다. 이럴 경우에 식신이 있으면 좋다. 식신은 재능, 기술, 실력이다. 실력으로 편관의 힘듦을 해결한다. 또한 식신은 양인의 승부욕망을 사회적인 재능과 전문적인 자격증을 따는 쪽으로 사용한다. 식신은 양인의 경쟁심을 이용하고 조절한다. 식신이 없을 경우에 양인은 편관에게 조절 당할 수 있다. 편관은 양인을 제압하여 힘든 일을 해결하는 관리자로 만든다. 군인, 경찰, 소방관. 검경 등이다. 편관은 힘든 상황을 제압하는 관리능력이다. 양인은 투쟁심이고 경쟁심이다. 편관은 타인에게 피해주지 않으려는 체면심리이다. 양인이 자기 이익만 생각해서 고집 부릴 때, 타인에게 희생적인 편관이 양인을 객관적으로 제압할 수 있다. 사회가 인정하는 적정선에서 양인을 제압한다. 고집쟁이 양인을 리더십인 편관이 조절하면 카리스마 넘치는 지도자가 될 수 있다. 편관적인 관리능력과 경쟁에서 이기려는 양인이 만나면 시너지 효과가 클 수 있다. 어려운 일을 해결하는 관리자가 될 수 있다. 양인은 자기 조절을 잘못했을 경우에 질병에 걸릴 수도 있고 수술할 수도 있다. 그러나 편관에게 적절하게 조절되면, 시험에 합격하고 직장에서 승진하고 싸움터에서 승리한다. 편관과 양인은 남보다 더 힘들게 노력하는 기질이다. 물질적으로는 손해 볼지라도 정신적으로는 카리스마 넘치는 자기 승리자가 될 수 있다.

편인은 의심을 잘 하며 걱정근심을 사서 하는 심리이다. 이러한 사고(思考)를 제압하는 십신이 편재이다. 편인은 편재가 있으면 좋은 쪽으로 작용한다. 편재는 부지런하고 쾌활하고 현금을 운용하는 투기심리이다. 사교적이고 요령 있고 융통성이 있다. 쾌락적인 능력이라서 외롭고 불안한 편인을 즐겁게 만든다. 편재의 영역확보 능력이 주저하는 편인을 활동하게 만든다. 편인은 머리로만 계산하는 지성이다. 총명하고 두뇌회전이 빠르다. 임기응변적이고 기억력이 좋다. 반면에 행동력이 약하다. 그런 편인을 행동력이 강한 편재가 조절하면 돈 버는 쪽으로 머리를 쓰게 한다. 지식을 이용하여 돈벌이를 하게 한다. 편재는 현실적인 물질욕망이다. 편재의 역마적인 활동력과 편인의 계산적인 지식이 만나면 돈 버는 쪽으로 작용한다.

편인과 상관도 좋은 관계이다. 편인은 사람을 순수하게 믿지 않는다. 사람은 이기적인 존재라고 생각한다. 주는 게 있으면 받는 게 있다고 생각한다. 편인은 지식으로 세상을 이해한다. 이런 편인이 상관의 직접성과 공격성을 만나면 연구원, 발명가 쪽으로 지식을 사용한다. 창의력이나 기획력이 발달한다. 개발자, 조정자, 교육 일에 알맞다. 상관은 정관(기존질서)을 고치려는 공격성이다. 이런 공격성을 편인이 조절하여 말조심을 하게 한다. 상관이 근거 없이 말하지 않도록 이론지식이 되어 준다. 편인 상관이 힘을 합치면 논쟁에서 승리할 수 있다.

사흉신이 나쁜 역할을 하는 게 아니다. 사흉신끼리 서로 극하는 관계로 만나면 시너지 효과가 좋다. 물론 마음고생은 한다. 더 힘들고 더 슬플 수 있다. 하지만 슬픔과 외로움을 경험한 사람의 감성세계는 풍부하다. 그런 사람은 표현력이 중요한 예술계에서 훌륭하게 재능을 발휘할 수 있다. 밋밋한 감성세계를 예민하고 섬세하고 다채롭게 표출할 수 있다.

56. 사주와 운세 해석

　비견운에는 독립심, 자주성, 주체성이 생긴다. 사람들과 잘 지내려고 노력하며 나누기를 한다. 겁재운에는 리스크가 있는 투기심리가 발동한다. 겁재는 강렬한 승부욕으로 일을 추진한다. 적극적으로 대인관계를 맺는다. 겁재가 양인(兩刃)일 경우에는 수술수가 있다. 비견이나 겁재는 인간관계를 맺고 싶은 마음이다. 부부일 경우에 배우자보다는 타인들과 더 잘 지내려고 하기에 부부 사이는 관계가 멀어지기도 한다. 겁재운에는 편재(아버지)를 극하기에 아버지와 사이가 나빠지거나 아버지가 병에 걸리거나 임종할 수 있다.

　식신운에는 순탄하게 잘 풀린다. 식신은 식복과 수명복이다. 식신은 즐겁게 살려는 마음이다. 불평불만 없이 일을 한다. 식신운에는 모든 일이 무탈하게 진행된다. 하는 일이 확장되거나 연구 성과를 내게 된다. 상관운에는 힘이 빠진다. 정관을 치기에 구설수에 시달릴 수도 있다. 남에게 밀리지 않으려고 말을 함부로 하게 된다. 재성을 만나면 사업 확장이 있을 수 있다. 봉사활동도 잘한다. 상관이 정관을 치려고 할 때 정인이 있어서 상관을 제압하면 일이 좋은 쪽으로 해결된다. 정인이 상관을 제압하고 정관을 감싸면 직장 생활에서 승진할 수 있다.

편재 운에는 부지런하고 쾌활해진다. 즐겁게 일할 거리가 생긴다. 빚을 내서 무리한 투자도 할 수 있는데 그럴 경우에는 상황판단을 잘 해야 한다. 무리한 투자일 경우에 돈을 잃을 수 있다. 재성운에 일간이 강한 사주이면 돈을 벌 수 있다. 신약한 사주는 재성운에 돈을 잃을 수도 있다. 적당한 비겁이 있어야 돈을 손에 쥘 수 있다. 그것을 재왕신왕이라고 한다. 재(財)도 강하고 몸(身)도 강해야 돈을 벌 수 있다. 식상이 있으면 돈 운이 더 좋아진다. 반면에 재생살을 하면 힘들어진다. 살은 편관이기 때문이다. 편관은 일간인 '나'를 힘들게 한다.

정재운은 일이 잘 풀린다. 안정적인 모습으로 무리한 모험을 하지 않는다. 재왕신왕이면 돈을 벌고, 재다신약이면 몸이 피로하다. 재관쌍미는 정재의 현실성과 정관의 직업성이 잘 어울린 모습이다. 부귀겸전이다. 남자인 경우 정재운에 결혼할 수 있다. 그런데 사주의 인성을 정재가 극하면 자기 꾀에 자기가 당한다. 남의 돈을 탐하다가 자기 명예를 잃을 수 있다. 재성이 인성을 치는 운에는 돈 조심을 해야 한다. 그런 운에는 자격증 공부를 하는 게 좋다.

편관운에는 이름을 날리거나 훌륭한 업적을 이룰 수 있다. 그 대신 몸이 힘들다. 힘겹게 일을 하면서 유명해지는 운이다. 주어진 일거리를 해내기 위해 몸이 쉴 사이 없이 바쁘다. 주어진 업무량이 많다. 그래도 책임감 있게 그 일을 한다. 편관운은 인내하는 운이다. 식상이나, 인성, 비겁이 있으면 덜 힘들다. 건강관리를 하면서 일해야 한다.

정관운에는 승진한다. 업무 효율성이 높고 유능해진다. 공론을 중시하고 신용을 지키고 타인에게 폐를 끼치지 않는다. 무난한 해이다. 좋은 쪽으로 변화가 있다. 여자인 경우 결혼운이다.

편인은 공부하는 운이다. 식신이 있으면 연구, 기획하는 운이다. 돈을 벌기보다는 공부의 즐거움을 즐긴다. 편인의 조심성과 식신의 발랄함이 만나면 예술적인 업적도 낼 수 있다. 편인이 상관을 만나면 총명하다. 편인의 지성과 상관의 비판력이 불합리한 기존 제도를 바꿀 수 있다. 편인은 창의적이고 혁신적인 지성이다.

정인운에 합격운과 승진운이 좋다. 무난하게 살아진다. 재극인만 당하지 않으면 된다.

대체로 식신, 정재, 정관, 정인 운에는 무탈하다. 그러나 편인, 상관, 편재, 겁재 운에는 조심해야 한다. 자기도 모르게 위험해질 수 있다.

크게 보아 인성운과 재성운을 잘 살펴야 한다. 인성은 관성을 달래서 기획하는 능력이다. 재성은 식상을 달래서 돈을 만들어내는 실행력이다. 세운이나 대운에서 나쁜 운이 들어오는 해에는 욕심 부리지 않는 마음이 최고의 개운법이다.

57. 십성, 사주해석의 꽃이다

사주 이론은 크게 세 가지이다. '자평진전'은 격국으로, '적천수'는 신약신강으로, '난강망'은 계절로 읽는다. 세 개의 대표 이론이 다르면서 비슷하다. 각각의 이론에 따라 사주를 다르게 읽을 수 있다. 그래서 사주 상담가는 실제 경험이 중요하다. 사람들의 사주를 보면서 자기만의 방법을 찾아내야 한다. 사주가 세다. 약하다. 힘들다. 좋다. 등등은 누구에게나 통할 수 있는 말이다. 사주는 그런 정도에서 해석이 가능하다. 아주 세밀하게 한 사람의 인생을 다 맞출 수는 없다. 사주를 볼 때마다 해석이 달라지는 것은 기준이 각각 달라서이다. 그래서 사주를 보는 사람들은 자기중심이 있어야 한다. 사주가 알려 줄 수 있는 것은 대강의 운명이다.

사주를 볼 때 가장 중요한 관점이 십성이론이다. 십성은 사주팔자의 관계학이다. 관계 속에서 나온 의미이기에 음양오행적인 해석보다는 적중률이 높다. 십성은 비견, 겁재, 식신, 상관, 정재, 편재, 정관, 편관, 정인, 편인이다. 비견은 독립심, 겁재는 경쟁심, 식신은 전문가

기질, 상관은 개혁적 기질, 정재는 알뜰살뜰, 편재는 활동력, 정관은 도덕심, 편관은 희생심, 정인은 자비심, 편인은 불안감이다. 이런 십성이 팔자에서 어떻게 만나지느냐에 따라 그 사람을 알 수 있다.

십성은 또 가족관계와 인간관계에도 적용된다. 비견은 친구, 겁재는 경쟁자, 식신과 상관은 여자에게는 자식이다. 남자에게 자식은 정관과 편관이다. 정재는 남자에게 아내, 편재는 남자에게 애인이다. 그리고 남녀 모두에게 편재는 아버지이다. 정관은 여자에게 남편, 편관은 아내를 힘들게 하는 남편이다. 정인은 자애로운 엄마, 편인은 계모 같은 엄마이다.

비견은 나와 같은 사람이다. 친구, 동료, 형제, 자매이다. 사주에 하나 정도 있으면 좋다. 비견은 인간을 이해하는 공감능력도 된다. 타인을 자기처럼 역지사지 하는 마음도 된다. 사주에 비견이 있으면 인간애(人間愛)가 있다. 남을 '나'처럼 생각한다. 친구나 형제자매에게 잘 해 주듯이 그렇게 인간에게 잘 해준다. 겁재는 '나'와 다른 음양이다. 경쟁자라고 한다. 겁재는 인간적이면서도 경쟁할 때는 이기기 위해 승부욕을 발동하게 하는 사람이다. 경쟁에서 '내'가 질 경우에 '내' 것을 빼앗아 간다. 그래도 '나'를 발전시키는 좋은 친구가 될 수 있다.

식신과 상관은 '내' 힘을 빼는 기운이다. 여자일 경우에 '내'가 낳은 자식이다. 자식에게 무한 사랑을 주듯이 여자는 자기의 온 힘을 다해서 자식을 키운다. 그 힘이 식상이다. 사주에 식신과 상관이 좋으면 자식이 잘 된다. 식상은 먹여 살리는 기술이다. 말을 잘 하는 능력도 식상이다. 식상은 어디를 가더라도 자기 밥벌이를 할 수 있는 재능이다.

남자에게 자식은 정관과 편관이다. 관성은 '나'를 조절하는 기운이다. 남자는 자식에게 조절 당한다. 어렸을 때는 자식을 지배하고 관성으로 교육하지만, 자식이 크면 자식이 아버지를 제압한다. 서양의 오이디푸스 콤플렉스와 비슷하다. 자식은 아버지를 능가해야 한다. 남자에게 관성은 아버지를 뛰어넘어야 하는 자식의 모습이다. 반면에 여자에게는 조건 없이 사랑하는 식신과 상관이 자식이다. 남자는 자식이 사회적으로 직위가 있기를 바라기 때문에 남자 사주에서 관성이 자식이 된다. 아버지는 자식이 사회적으로 출세하기(관성)를 바란다.

남자에게 정재는 끝까지 책임지는 아내이다. 그러나 편재는 좋으면 사귀고 싫으면 버리는 애인 같은 아내이다. 남자 사주에 정재가 잘 들어 있어야 바람피우지 않고 가정적으로 충실하다. 그러나 편재가 많으면 가정에 충실하기보다는 바깥으로 돌아다니면서 다른 여자에게 사랑을 흘리고 다닌다. 편재는 꼭 지켜줘야 할 아내가 아니라 언제든지 바꿀 수 있는 아내이기 때문이다. 여자에게 정관은 가정을 책임지는 남편이다. 정관적 남편은 가정을 버리지 않는다. 반면에 편관적 남편은 제 할 일 하기에 바쁘다. 집안을 돌보기보다는 자기 성취가 더 중요하다. 집안일은 아내에게 맡긴다. 편관 같은 남편을 만나면 아내는 고생한다.

정인과 편인은 남녀 모두에게 어머니이다. 인성은 자애로움이고 지성이다.

58. 사주의 관성

예부터 사주에 관(官)이 있는지를 중요하게 취급하였다. 관은 옛날 식으로 벼슬이다. 사회생활에서 일정 직위에 오를 수 있는 직업이다. 남자 사주에는 관이 있어야 사회에서 성공한다고 보았다. 물론 현대 사회에서도 관은 중요하다. 관성은 직업이고 자기 할 일이고, 또 법과 규범을 지키는 합리적인 사회성이다. 타인을 배려하고 기존질서 내에서 타협하고 적응해 나가는 성향이다. 사주에 관성이 있다면 그 사람은 나름대로 자기 책임과 사회적 의무를 다하려고 하는 사람이다. 기존질서에 순응하려고 인내심과 희생심을 가진 사람이다.

관에는 정관(正官)과 편관(偏官)이 있다. 정관은 올바름이 기준이다. 어려서는 어른들 말을 잘 듣고, 학교도 잘 다니고, 열심히 노력해서 좋은 대학에 들어가려고 한다. 성인이 되어서는 좋은 직장에 취직하여 직장을 위해 헌신하며 높은 직위에 오르려고 한다. 정해진 생활을 답답해하지 않는다. 노력한 만큼 보수가 주어지고 직위도 주어진다. 사주 월주에 관성이 뿌리 깊게 있으면 그 사람은 사회 활동을 잘

한다. 사회가 원하는 인재가 될 수 있다. 자기에게 주어진 일도 확실하게 책임지고 수행한다. 또한 정관은 남자 사주에서 자식이다. 관성은 '나'를 억압하고 조정하는 조절자이다. 아버지는 자식이 크면 자식의 눈치를 본다. 그런 모습이 자식에게 조절당하는 모습이다. 정관은 잘 지내려고 상대방을 배려하고 상대방과 타협하는 심리이다. 남자 사주에서 관성이 좋으면 자식이 잘 된다. 자식이 무난하게 기존질서에 잘 적응한다. 사춘기 때에도 헛된 행동을 하지 않고 잘 큰다. 여자 사주에서 관성은 남편이다. 정관이 좋은 여자 사주는 남편이 가정에 충실하고 사회적 지위가 높을 수 있다. 바람피우지 않고, 자식에게 잘 하고, 아내를 아끼며, 가정을 책임지는 남편을 만날 수 있다. 정관은 나라가 평화로우면 더 잘 살 수 있다. 나라가 어지러우면 정관보다는 편관이 더 힘을 발휘한다. 정관이 순한 관(官)이라면 편관은 힘든 관(官)이다. 정관은 평온함을 추구하고 싸우는 것을 싫어한다. 그래서 국가가 정치, 경제, 군사적으로 평온하면 정관이 사는 길이 평탄하다. 나라가 힘들 때 활동하는 관성은 편관이다.

편관은 옛날식으로 말하면 무관이다. 나라가 위기에 처했을 때 자기 몸을 희생하면서 나라를 지키고 구하는 사람이다. 이순신 장군 같은 이미지이다. 편관이 공무원일 경우에는 공기업에서 힘들게 연구하고 기획하는 직위에 있다. 토목이나 건설에 관련된 일도 편관이다. 군인, 경찰, 검경도 편관이다. 정관이 사무직이나 행정직의 공무원이라면, 편관은 사법부나 입법부, 나라의 기간산업을 책임지는 철도, 수자원, 한전, 원자력, 연금 공단 같은 곳에서 일을 한다. 정관이든 편관이든 관성은 직장생활이 알맞다. 퇴직한 후에는 직장에서 배운 경력을 가지고 자기 사업도 할 수 있다. 기술적이고 전문적인 사업이다.

정관이나 편관은 관리 기술이기 때문에 사업을 할 경우에도 사회적 틀을 깨지 않고 사회가 허용하는 한도 내에서 합리적으로 일을 한다. 남자인 경우 편관이 자식이다. 편관 기질의 자식은 정관 기질의 자식보다 키우기가 조금 힘들다. 거칠고 자기 주장이 강한 자식일 수 있다. 편관은 머리보다는 몸으로 싸우는 정신력이다. 여자 사주에서 편관적인 남편은 아내를 힘들게 한다. 가정보다는 국가 사회를 더 중요하게 생각한다. 집에 있기보다는 바깥 생활을 더 열심히 한다. 여자 사주에서 편관적인 남편은 아내 마음을 아프게 한다. 남편을 상전처럼 모시고 살아야 한다.

　관성은 질서 내에서 합리적으로 살려고 하는 모습이다. 상명하복 시스템을 당연하게 여긴다. 관성이 연주나 월주에 있으면 어린 시절부터 집단생활을 잘한다. 어른들과 부딪치지 않고, 자기에게 주어진 일을 묵묵히 한다. 자기 개성보다는 집단의 평화를 중시한다. 타인과 타협하려고 노력하며, 역지사지의 정신으로 살려고 한다. 사주에 관성이 있으면 좋다.

59. 사주와 재성

　재성은 돈이다. 사주를 보는 사람들이 자기 사주에 돈이 있는지 없는지를 가장 궁금해 한다. 돈은 생활의 필수 수단이다. 돈 없는 사람들은 없다. 사주에는 돈복이 다양하게 들어 있다. 그래도 사주에서 돈으로 읽을 수 있는 십성이 재성이다. 재성은 정재와 편재로 나뉜다. 정재는 안정적인 돈이다. 직장 생활하면서 월급날에 정확하게 들어오는 돈이다. 일만 하고 있으면 된다. 그래서 정재의 심리적 특징이 성실, 꼼꼼, 보수성이다. 그 대가로 한 달에 한 번씩 월급을 받는다. 그 돈으로 저금하고 그 돈으로 집을 사고 차를 산다. 평탄하게 돈을 벌 수 있다.

　편재는 활동적인 돈이다. 월급으로 정확하게 들어오는 돈이 아니라, 사업이나 장사를 하거나 주식 투자나 부동산 투자로 버는 돈이다. '내' 손에 있는 돈이 아니라 유통되고 있는 돈이다. 정규적으로 액수가 정해져 있는 돈이 아니다. 더 열심히 일을 했을 경우에 더 큰 돈을 만질 수 있고, 경제 상황이 불경기이면 버는 돈이 없거나 줄어들 수 있다. 편재는 불안정하고 불규칙적인 돈이다. 사업이나 장사를 해서 버는 돈이다. 편재의 돈은 언제 사라질지 모르지만, 기회를 잘 만나면 부자가 될 수 있는 돈이다. 편재는 활동성, 역마성, 모험성, 투기성이다. 무슨 일을 하고자 하면 강력하게 밀고 나가는 고집도 있다. 사주에 편재가 잘 들어 있을 경우에 때를 잘 만나면 돈을 벌 수 있다.

정재는 정관과 짝꿍이다. 정재는 고정적으로 들어오는 월급이고 정관은 안정적인 직장이다. 정재는 직장을 위해 헌신하는 기질이다. 그 결과 직장(정관)도 좋다. 정관은 번 돈이 새어 나가지 않게 돈을 지키는 관리자이다. 정재는 정관과 만나야 번 돈을 남에게 뜯기지 않고 잘 지킬 수 있다. 돈은 지켜져야 '내' 돈이 된다. 정관은 원리 원칙적이고 합리적이고 실리적이라 큰 욕심을 내지 않는다. 그냥 모은다. 주식 투자나 비트코인 같은 가상화폐로 돈을 벌 생각이 없다. 월급을 모아서 큰돈을 만들고 빚지지 않고 살려고 한다.

편재의 짝꿍은 편관이다. 편재는 장사나 사업을 해서 버는 불규칙적인 돈이다. 안정적이지 않고 위험(편관)한 돈이다. 벌었다 싶으면 나갈 곳이 생긴다. 저금을 하려고 하면 투자할 곳이 생긴다. 이런 식으로 편재는 돈의 규모가 크지만 쓸 곳도 많다. 편관은 돈을 지키기보다는 돈 때문에 고생한다. 남에게 돈을 꾸어주고 못 받기도 하고, 혹은 사기를 당할 수도 있다. 엉뚱한 곳에 투자해서 가진 돈을 다 날리기도 한다. 편재와 편관은 돈 관리를 철저하게 해야 돈이 '내' 돈이 될 수 있다. 그렇지 않으면 '남' 좋은 일만 한다.

편재는 정재보다 더 부지런히 일하는 능력이다. 일하는 것을 무서워하지 않는다. 돈 벌기 위해서 바깥 활동을 열심히 한다. 일거리만 있으면 달려드는 능동성이 있다. 일단 시작하고 본다. 잘 하면 대박

날 수도 있지만, 서둘러서 일을 중간에 그르칠 수도 있다. 실패해도 편재는 좌절하지 않는다. 새롭게 또 다른 일을 시작한다. 재성은 끝을 보는 기질이 있어서 결과물을 얻으려고 끝까지 밀고 나가는 힘이다. 그래서 사주에 재성이 있어야 물질적인 소득을 '내' 손에 쥘 수 있다. 편재는 편관보다는 편인을 만나야 돈이 모아진다. 편인은 계산하는 능력이다. 편재의 투자심리가 기획하고 아이디어를 창출하는 편인을 만나면 돈을 벌 수 있다.

  사주에 재성이 없다고 돈이 없는 것은 아니다. 그러나 재성 자체가 사주에 있다면 그 사람은 돈을 버는 일과 관련되어 있다. 금융, 회계, 세무, 조합, 증권 회사 등등 도시의 한복판에서 자기 능력을 펼치는 사주이다. 재성이 없더라고 사주에서 비겁은 인간을 다루는 능력으로 돈을 벌고, 식상은 자기 기술과 개혁으로 돈을 벌고, 재성은 노력과 성실함으로, 관성은 직장 생활을 하면서, 인성은 자기가 가진 학식으로 돈을 벌 수 있다. 돈이 없는 사주도 없고, 돈을 못 버는 사주도 없다. 자기 노력 여하에 따라 생활의 필수 수단인 돈을 누구나 벌 수 있다.

60. 사주 믿어도 되나

 사주 믿어도 되고 믿지 않아도 된다. 사주가 꼭 맞는 것은 아니다. 사주는 재미이다. MBTI 성격 검사처럼 자기 기질과 성격을 아는 선에서 멈추어야 한다. 살다보면 성격도 변하고 상황도 변한다. 변화와 흐름에 맞춰 '내'가 바뀌는 게 인생살이다. 타고난 사주대로 살 수도 없다. 국가 사회의 정치, 경제가 '내' 운명을 바꾸어 놓는 더 큰 운명이다. 세상의 어느 명리학자도 한 사람의 인생을 정확하게 맞출 수는 없다. 실제의 삶이 변화무쌍하기 때문이다. 그리고 어떠한 이론도 패러다임의 전환처럼 시대에 맞게 바뀌게 되어 있다. 사주이론도 시대에 맞게 해석법이 변하고 있다. 사주이론은 절대적인 게 아니라 상대적인 지식일 뿐이다. 상대적이기에 심리 상담 이론이나 자기 적성 찾기에는 안성맞춤이다.
 사주보다 더 중요한 것은 자유의지이다. 자기 의지로 세상과 맞서 싸우며 자기 삶을 이루어나가는 사람은 사주를 뛰어 넘는 사람이다. 1789년 프랑스 혁명을 기점으로 한다면 자유주의가 확산 된 지가

200년이 넘었다. 자유의지가 세상을 바꾸어 놓고 있다. 그 사이에 수많은 문명이 탄생했고, 인간 생활은 기계와 뗄 수 없을 정도로 발전해 왔다. 이런 시대에 왕권과 농경 사회 때 완성된 사주이론으로 사람의 운명을 논한다는 것은 어불성설이다. 자기 의지로 자기 인생을 만드는 힘이 타고난 사주보다 더 훌륭하게 자기 삶을 가꿀 수 있다.

사주 이론은 복잡하지 않다. 천간과 지지 스물두 자의 역학 관계를 알면 된다. 천간 10자와 지지 12자의 함수 관계를 이해하면 된다. 한 개인이 타고난 팔자에, 대운 두자, 세운 두자, 월진 두자, 일진 두자가 어떻게 작용하는지를 해석하면 된다. 누구나 쉽게 배울 수 있다. 자기가 어떤 기운으로 사람과 세상을 만나서 갈등하며 사는지를 알고, 앞일을 예측할 수 있다.

사주 상담가마다 사주를 다르게 해석하는 이유도 사주이론이 다양하기 때문이다. 사주 상담가는 자기만의 방법으로 사주를 읽는다. 한 가지 이론만 적용해서 사주를 읽는 게 아니다. 여러 이론 중, 자기 나름대로 적중률이 높다고 생각하는 이론을 사용한다. 그래도 사주는 사주일 뿐, 한 사람의 인생 전체를 꼭 맞출 수는 없다. 사주는 재미로만 보면 된다. 부자가 되고 안 되고는 국가 정책이 더 많이 작용한다. 일인당 국민소득이 천 달러도 안 되는 나라도 있지만, 북유럽 몇몇 국가는 일인당 국민소득이 구만 달러인 곳도 많다. 그렇게 부자가 된 것은 국가가 경제정책을 잘 폈기 때문이고 국민 개개인이 부지런했기 때문이다. 태어난 생년월시가 좋아서 부자 나라가 된 것은 아니다. 태어난 생년월시는 개인의 심리와 성향을 예측할 수 있을 뿐이다.

사주이론은 한 개인의 운명을 소설처럼 읽어낼 수 있다. 맞든 안 맞든 사주에는 개인의 삶이 들어 있다. 인간관계, 물질관계, 건강, 결혼, 이혼, 자식, 성공 등등의 이야기가 있다. 사주학은 작은 인문학이다. 가족 때문에, 사회의 부조리 때문에, 만나는 사람 때문에 갈등을 겪는 사람에게 작은 희망과 위로를 줄 수 있다. 사주학의 목표는 그 정도이다. 태어난 '년월일시'를 보고 가상의 시나리오를 읽는 것이다. 년(年)은 초년기의 모습으로, 월(月)은 청년기의 모습으로, 일(日)은 장년기의 모습으로, 시(時)는 노년기의 모습으로 읽을 수 있다. 그런 선에서 팔자보기를 멈추어야 한다. 사주팔자를 본다고 해서 '돈과 직업'이 '내' 앞에 뚝 떨어지는 것은 아니다. 또 갑자기 일이 잘 풀리는 것도 아니다. 사주이론에는 내 힘(비겁)으로 노력(식상)해서 열매(돈)를 얻고, 그 열매를 잘 관리해서(관성), '내' 소유물로 만드는 지식(인성)이 다 들어 있다. 인간의 생로병사와 유사하다. 이런 재미를 아는 것이 사주이론 공부이다.

사주를 꼭 믿을 필요는 없지만, '내' 사주가 어떤 사주인지를 아는 것은 즐거운 일이다. 현재의 자기 모습을 알 수 있고, 자기의 장점과 단점을 알 수 있기 때문이다.

명리학그램 1 작은 인문학

발행일 초판 1쇄 발행 2019년 9월 20일
2쇄 발행 2022년 2월 21일

지은이 김현희
펴낸이 이영옥
펴낸곳 도서출판 이든북 　　　　**등록번호** 제2001-000003호
전　화 042 · 222 · 2536　　　　**이메일** eden-book@daum.net
팩　스 042 · 222 · 2530
주　소 (34625)대전광역시 동구 중앙로 193번길 73

ISBN 979-11-90022-84-2 (03150)

값 12,000원

* 잘못된 책은 바꾸어드립니다.
* 이 책 내용의 전부 또는 일부를 재사용하려면 반드시 저작권자의 동의를 받아야 합니다.

　이 도서의 국립중앙도서관 출판예정도서목록(CIP)은 서지정보유통지원시스템 홈페이지(http://seoji.nl.go.kr)와 국가자료종합목록 구축시스템(http://kolis-net.nl.go.kr)에서 이용하실 수 있습니다. (CIP제어번호 : CIP2019035987)